자신만만 영문법 2 급상승

품사편

**자신만만
영문법2 급상승 [품사편]**

저 자 윤재남, 이현재
발행인 고본화
발 행 반석출판사
2016년 1월 1일 초판 1쇄 인쇄
2016년 1월 5일 초판 1쇄 발행
반석출판사 | www.bansok.co.kr
이메일 | bansok@bansok.co.kr
블로그 | blog.naver.com/bansokbooks

157-779 서울시 강서구 양천로 583번지 B동 904호
　　(서울시 강서구 염창동 240-21 우림블루나인 비즈니스센터 B동 904호)
대표전화 02) 2093-3399　**팩　스** 02) 2093-3393
출 판 부 02) 2093-3395　**영업부** 02) 2093-3396
등록번호 제 315-2008-000033호

Copyright ⓒ 윤재남, 이현재

ISBN 978-89-7172-778-2 (13740)

■ 교재 관련 문의: bansok@bansok.co.kr을 이용해 주시기 바랍니다.
■ 이 책에 게재된 내용의 일부 또는 전체를 무단으로 복제 및 발췌하는 것을 금합니다.
■ 파본 및 잘못된 제품은 구입처에서 교환해 드립니다.

품사편

머리말

영문법의 벽 앞에서 좌절의 눈물을 흘릴 수밖에 없었던 우리나라의 모든 사람을 위한 정말 쉬운 영문법 책

영어 책을 사서 머리말을 읽는 사람은 얼마나 될까요? 별로 없겠죠? 꼬리말까지 읽는 사람은요? 아마도 훨씬 더 적을걸요. 하물며 재밌는 만화책도 아니고 공부하는 책, 그중에서도 영어 문법책이라면 더 무슨 말이 필요할까요?

그래서 고민해봤어요. 머리말부터 꼬리말까지 꾸역꾸역 읽어야 할 책이 아니라, 어느 한 페이지만이라도 편하고 재밌게 볼 수 있는 그런 책은 없을까? 영어와 친해지고 싶은 마음은 그 누구보다 간절했지만, 영문법의 벽 앞에서 번번이 좌절의 눈물을 흘릴 수밖에 없었던 사람이 얼마나 많은데…

『자신만만 영문법2 급상승』은 기초 영문법을 정리하고 싶은 중학생, 초등학생이나 중학생을 아들딸로 두고 있는 학부모님, 영포자(영어포기자)를 벗어나고 싶은 고등학생이나 대입 수험생, 공무원 영어를 준비하기 위해 입문 교재를 둘러보는 공무원 시험 준비생, 출퇴근 시간 같은 짬을 활용해 영어학습을 하고 싶은 직장인, 혹은 뒤늦게나마 영어에 대한 학구열을 불태우고 계시는 만학도, 이 모든 분들의 얼굴을 마음속에 새긴 채 완성됐던 것입니다.

그 결과 첫째, 편하게 볼 수 있어요. 훌륭한 책일지라도 책의 분량에 부담을 느낀 독자가 책 읽기를 포기한다면 무슨 소용이 있을까요? 개그감을 발휘해본 몇몇 포인트의 소제목부터 귀여운 캐릭터 디자인까지 영문법의 입구가 그렇게 무섭지만은 않지요?

둘째, 쉽게 썼어요. 쉬운 내용을 어렵게 쓰는 것보다 어려운 내용을 쉽게 쓰는 것이 더 힘들다는 것은 다 아시겠지요? 책을 읽으시다 보면, 예문의 내용이나 사용된 단어의 수준까지 꼼꼼히 신경 썼음을 확실히 느낄 수 있을 거예요.

셋째, 알짜배기만을 다뤘어요. 책이 어려운 이유는 불필요한 내용이 너무 많이 포함될 때 그렇지요. 오랜 시간 동안 강의·저술을 해오며 꼭 필요한 영문법은 100개 포인트 정도로 선별할 수 있다고 봐요. 그것을 내용 1페이지, 문제 1페이지로 한눈에 들어오도록 잘 정리했답니다.

하나의 포인트를 정복했으면 그 앞뒤 포인트, 나아가 관련 챕터 전체까지 정복을 해보겠다는 의욕을 가지셨으면 좋겠어요. 진정한 공부는 찾아서 하는 공부거든요. 독자분을 단순히 이 책 안에 가두는 것이 아니라 더 크고 넓은 세계로 자신만만하게 나갈 수 있게 도와주는 것이 바로 이 책『자신만만 영문법2 급상승』의 꿈이니까요. 독자 여러분, 파이팅!

2015년 12월
윤재남

차례

Chapter 1 명사와 관사

Point 001	명사, 다 셀 수 있는 거 아니었어?	14
Point 002	달걀 하나는 a egg야, an egg야?	15
Point 003	'버스들'은 buss?	18
Point 004	feet가 복수형이라고?	19
Point 005	Tom's는 Tom의 복수가 아니다	22
Point 006	many와 much가 '많이' 헷갈려?	23
Point 007	a few와 a little이 '조금' 헷갈려?	26
Point 008	아무거나 말고 '그'것!	27
Point 009	관사를 뺄까 말까 알쏭달쏭?	30
Point 010	book, 너 명사 아니었어?	31

Chapter 02 대명사

Point 011	나, 너, 그, 그녀, 우리, 그들	36
Point 012	나는, 나의, 나를	37
Point 013	내 것, 네 것 구별하자	40
Point 014	재귀대명사? 자신(self)에게 다시 돌아간 대명사!	41
Point 015	it, 간단하지가 않네!	44
Point 016	'이것'이냐 '저것'이냐?	45
Point 017	this는 가깝고, that은 멀고	48
Point 018	one을 '하나'로만 알고 있었어?	49
Point 019	달라도 너무 달라	52
Point 020	이 사람들, 저 사람들	53
Point 021	'모든'은 all? every?	56
Point 022	둘 다? 둘 중 하나?	57

Chapter 03 형용사와 부사

| Point 023 | a boy? a smart boy! | 62 |

Point 024	식솔이 많아서 뒤로 갈게요~	63
Point 025	원, 투, 쓰리, 포, ...	66
Point 026	퍼스트, 세컨드, 서드, ...	67
Point 027	some 좀 줄게. any는 주지 마!	70
Point 028	행복해 보여? look happy? happily?	71
Point 029	made me happy? happily?	74
Point 030	레알(real)이 아니라 뤼얼리(really)?	75
Point 031	동사 · 형용사를 돋보이게	78
Point 032	다른 부사 · 문장을 돋보이게	79
Point 033	'언제'냐고 물으면 시간부사로	82
Point 034	'어디'냐고 물으면 장소부사로	83
Point 035	'얼마나 자주'냐고 물으면 빈도부사로	86
Point 036	'확실히'에서 '어쩌면'까지	87
Point 037	'완전히'에서 '조금'까지	90
Point 038	기차놀이하는 부사?	91
Point 039	-ly 때문에 뜻이 완전 달라요!	94
Point 040	most와 almost는 달라요!	95
Point 041	so와 such는 달라요!	98
Point 042	충분히 enough vs. 너무 too	99
Point 043	긍정문 too vs. 부정문 either	102
Point 044	what과 how 다음에?	103

Chapter 04 비교

Point 045	faster는 빠른 사람?	108
Point 046	good의 비교급은 gooder?	109
Point 047	바쁘면 벌이지 as busy as a bee	112
Point 048	가능한 한 빨리 as quickly as possible	113
Point 049	원급 비교처럼 생겼지만	116
Point 050	비교급과 than은 베스트프렌드	117

차례

Point 051	비교급을 강조하고 싶다?	120
Point 052	비교급도 곱빼기가 되나요?	121
Point 053	두 배, 세 배, 네 배 더	124
Point 054	영어공부가 가장 재밌지요?	125
Point 055	김태희만큼 예쁜 탤런트는 없어!	128
Point 056	둘째라면 서럽다?!	129

Chapter 05 전치사

Point 057	저녁에, 밤에: '에'가 달라?	134
Point 058	구별해야 할 시간전치사	135
Point 059	집에서, 세계에서: '에서'가 달라?	138
Point 060	다양한 장소·위치 전치사	139
Point 061	다양한 방향 전치사	142
Point 062	as와 by 집중탐구	143
Point 063	for와 from 집중탐구	146
Point 064	like와 unlike 집중탐구	147
Point 065	of와 to 집중탐구	150
Point 066	with와 without 집중탐구	151
Point 067	2개 단어가 모인 전치사	154
Point 068	이 단어들 전체가 전치사야?	155
Point 069	외우자! be + 형용사 + 전치사	158
Point 070	우린 친구! 동사와 전치사	159
Point 071	우리도 친구! 명사와 전치사	162
Point 072	전치사 + 명사 한 덩어리	163

Chapter 06 접속사

Point 073	균형의 추, 등위접속사	168
Point 074	짜장면 짬뽕 둘 다 먹고 싶다?	169
Point 075	왼손엔 포크, 오른손엔 딱풀?	172

Point 076	문장 앞에 접속사 that을 붙여봐!	173
Point 077	접속사 whether는 인지 아닌지	176
Point 078	문장 속에 들어간 wh-의문문	177
Point 079	너를 처음 만났을 '때'	180
Point 080	너를 사랑하기 '때문에'	181
Point 081	네가 다시 돌아온다'면'	184
Point 082	널 사랑함에도 '불구하고'	185
Point 083	so와 that, 붙어? 말아?	188
Point 084	since의 뜻은 두 개랍니다	189
Point 085	while의 뜻도 두 개랍니다	192
Point 086	팔색조 접속사 as	193
Point 087	접속사 다음에 주어 + 동사가 없다?	196
Point 088	접속사와 전치사의 한판 대결	197

Chapter 07 관계사

Point 089	who 앞에 사람이 있어요!	202
Point 090	which 앞에 사물이 있어요!	203
Point 091	who와 which가 헷갈리면? that!	206
Point 092	소유격은 whose뿐!	207
Point 093	관계대명사 실종 사건?!	210
Point 094	관계대명사 앞 콤마(,)는 왜?	211
Point 095	전치사 + 관계대명사? 묶어주면 문제없어!	214
Point 096	what ~은 명사 덩어리	215
Point 097	장소 다음 where, 시간 다음 when	218
Point 098	이유는 why, 방법은 how	219
Point 099	관계대명사 + -ever	222
Point 100	관계부사 + -ever	223

정 답   227

이 책의 특징 및 활용 방법

> 이 책을 선택하신 독자분들은 다음과 같습니다.
> ✓ 대한민국 10대부터 50대까지 모든 영어 학습자
> ✓ 영어는 그냥 '닥치고 암기다'라고 잘못 생각하고 있는 모든 학습자
> ✓ 영어 문법 공부에 배신당해본 적이 있는 학습자

1. 한 번에 하나씩만 배운다

그동안 문법이 왜 어려웠는가? to부정사의 명사적 용법부터 to부정사의 시제까지 하루 종일 또는 일주일 내내 억지로 이해하며 읽어야 했기 때문이 아닌가? 본 책은 문법의 하나의 단원을 학습자가 이해해가야 하는 순서대로 '여러 개의 조각'으로 나누어서 학습하게 하였다. 즉, to부정사 한 단원에도 여러 가지 소단원을 개별적으로 공부하되, 이것이 큰 퍼즐을 맞춰나가듯이 연결되게끔 학습효과를 극대화시켰다.

2. 이해할 문법과 암기할 문법을 구분했다

시중의 문법책들의 가장 황당한 상황들 중 하나는 '문법은 이해가 우선이다' '문법은 결국 암기하는 것이다'라는 양측의 대결구도가 존재하고 있다는 사실이다. 문법 내용은 이해해야 하는 부분과 암기해야 하는 부분이 공존한다. 이 책은 각 문법의 파트들에 대한 학습방향을 올바르게 제시하여 각 파트의 연습문제들의 각각 다른 형태를 통해 '암기'가 우선인지 '이해'가 우선인지를 학습자가 스스로 알게 해두었다. 물론 모든 단원마다 암기와 이해가 공존된다면 최상인 것은 분명하다.

3. 꼭 필요한 것들을 다루었다

기초문법과 중급문법이 서로 크게 다른가? 아니다. 문법학습은 위에도 말했지만 '왜' 그리고 '어떻게' 하는지가 중요한 것이지 그 책의 수준이 기초인지 중급인지는 별로 중요하지 않다. 문법을 배웠을 때 그 배운 것을 과연 어느 수준까지 적용할 수 있는지가 더 중요하며, '쉬운가 어려운가'보다 '꼭 알아야 하는 것인가 그렇지 않은가'가 더 중요하기 때문이다. 본 책에는 영어 문법들 중에서 '영작, 회화, 리딩'에 필수적인 부분들을 그것이 소위 말하는 기초인지 중급인지를 구분하지 않고 실었다. 즉 '필요하니까' be동사도 다시 공부하는 것이며 '완료부정사'라는 다소 어려운 문법 내용도 이 책에서 같이 공부하는 것이다.

4. 동영상 강의로 문법공부를 더욱 쉽게

매 Chapter의 시작 페이지에 있는 QR코드를 스마트폰으로 찍으면 해당 Chapter에 대한 동영상 강의를 바로 볼 수 있다. 책만큼이나 쉬우면서도 알짜배기를 다룬 동영상 강의는 어렵게만 생각되었던 영문법을 더 쉽고 가깝게 느낄 수 있도록 도와줄 것이다.

5. 반복 또 반복학습

각 소단원이 끝날 때마다 곧바로 연습문제들을 넣었다. 바로 앞에서 이해하거나 암기한 내용들을 토대로 바로 뒤에 연습문제를 풀 수 있게 구성하였으며, 이는 각 단원마다 영작, 회화, 리딩 중 어느 쪽에 가장 필요한지에 따라 문제형태를 구성하였다. 책의 페이지가 안내하는 대로 자연스럽게 따라오다 보면 문법 전체의 틀의 구성이 잡히게 될 것이다.

★ 이 책의 학습과 관련하여 모든 궁금한 점 언제든 질문과 상담 환영합니다.

명사와 관사

우리가 세상에 태어나서 내뱉는 여러 소리 가운데, 단어다운 단어는 아마 '엄마'가 처음일 겁니다. 그다음이 '아빠'나 '밥' 등이겠지요. 세상의 모든 사람과 사물에는 각각의 이름이 있습니다. 그 이름에 해당하는 것이 바로 명사입니다. 언어를 공부하는 데 매우 일차적인 것이라 그 중요성이 정말 크답니다. 이번 장에서는 기본적으로 알아둬야 할 명사의 특징에 대해 주목해볼 겁니다. 한국어와 비슷한 점을 생각하면서 공부한다면 굉장히 쉬울 것 같습니다. 예를 들어, 한국어에서 여러 개의 명사를 가리킬 때 '~들'을 사용하듯 영어에서는 명사 다음에 -s가 붙습니다. 물론 차이점도 있습니다. 영어의 명사 앞에 붙는 a나 the 같은 '관사'는 한국어에 없는 것이지요.

Chapter 1

명사, 다 셀 수 있는 거 아니었어?

가산명사

영어의 명사는 셀 수 있는 것(가산명사)과 셀 수 없는 것(불가산명사)로 나뉜다는 것, 아세요? 명사라면 당연히 셀 수 있다고 생각하면 오산입니다. 명사 앞에 '하나'를 의미하는 a(n)이 있거나, 명사 다음에 여러 개 즉, 복수임을 표시하는 -s가 붙어 있으면, 셀 수 있다는 겁니다.

- I am reading a book now. 나는 책 한 권을 읽고 있다.
- My friend loves books. 내 친구는 책들을 사랑한다.

불가산명사

다음 명사들은 셀 수 없습니다. 앞에 a(n)도 없고 -s도 붙지 않습니다.

- **Show me your love.**
  내게 당신의 사랑을 보여주세요.
  → 추상명사: 보이지도 만져지지도 않습니다.

- **Kim Tae-hee is an actress in Korea.**
  김태희는 한국의 여배우다.
  → 고유명사: 예쁜 탤런트 '김태희'는 여럿일 수 없습니다.

- **I need water.**
  나는 물이 필요하다.
  → 물질명사: 물, 공기, 돈 등은 많다 적다 할 수 있을 뿐, 셀 수 없습니다.

  I need a water. (X) / **I need waters.** (X)

  I need a glass of water. (O)
  나는 물 한 잔이 필요하다.

달걀 하나는 a egg야, an egg야?

부정관사

셀 수 있는 명사(가산명사)의 경우, 복수(여러 개)가 아니라면 단수(하나)입니다. 이때, 앞에 a(n)가 붙어 있는 것을 볼 수 있습니다. 정해져 있지 않은 '하나'를 의미한다고 해서 부정관사라고 합니다.

불특정	특정
a book (막연한) 책 (한 권)	<u>the</u> book 그 책 <u>my</u> book 내 책 <u>this</u> book 이 책

a와 an의 차이점

간혹 a 대신 an이 오는 것을 본 적이 있을 겁니다. 뒤에 오는 단어의 발음이 모음(아/에/이/오/우)으로 시작하면 an이 a보다 발음상 자연스럽기 때문에 그렇습니다.

- **a** box 상자
- **a** cup 컵
- **a** dish 그릇
- **a** fish 물고기
- **an** apple 사과
- **an** egg 달걀
- **an** offer 제안
- **an** umbrella 우산
- **an** ice cream 아이스크림

a(n)의 의미는 '하나'지만, 일반적인 의미로 사용돼 굳이 해석을 하지 않거나, '~마다'라고 해석할 때도 있습니다.

· A cat is a quiet animal.
  고양이는 조용한 동물이다. (고양이 한 마리가 아니라 고양이 전체)

· I read three pages a day.
  나는 하루마다 3페이지를 읽는다. (하루만 읽는 게 아니라 매일)

연습문제 1

- 밑줄 친 명사가 셀 수 있는 것인지 아닌지 적으세요.

    1. I want a <u>car</u>. (   )
    2. I need three <u>pencil</u>s. (   )
    3. <u>Exercise</u> is good for you. (   )
    4. <u>Tom</u> likes sports. (   )
    5. Give me a lot of <u>money</u>. (   )

- 빈칸에 가장 적절한 것을 고르세요.

    1. The boy has two _____.
        ① time   ② love   ③ water   ④ watches

    2. We should have _____.
        ① doctor   ② book   ③ rest   ④ healths

    3. How many _____ are there in a year? ~ Twelve.
        ① weeks   ② months   ③ seasons   ④ days

    4. We need _____ to solve this problem.
        ① time   ② times   ③ a time   ④ hour

- 빈칸에 A(a)나 An(an)을 넣어 문장을 완성하세요.

    1. It was _____ bear.

    2. It was _____ little bear.

    3. _____ man came here.

    4. _____ woman came here.

    5. Is it _____ English dictionary?

    6. _____ umbrella is _____ useful tool.

- 빈칸에 가장 적절한 것을 고르세요.

    1. She cried like _____ child.
    그녀는 아이처럼 울었다.

    ① a ② an ③ the ④ 필요 없음

    2. How long have you stayed here? About _____ hour.
    당신은 여기에 얼마나 오랫동안 머물렀나요? 약 한 시간입니다.

    ① a ② an ③ the ④ 필요 없음

    3. It is good to eat an apple _____ day.
    매일 사과 하나씩 먹는 것은 좋다.

    ① a ② an ③ the ④ 필요 없음

    4. There is _____ nice cafe around the corner.
    모퉁이 근처에 멋진 카페가 하나 있다.

    ① a ② an ③ the ④ 필요 없음

'버스들'은 buss?

 복수형을 만드는 규칙

an apple은 사과 한 개, three apples는 사과 세 개. 명사를 복수로 만들려면 -s를 붙인다? 맞습니다. 그렇다면, bus의 복수형은 buss? 아닙니다. buss(버스스)보다 buses(버시즈)의 발음이 편한 것처럼, 발음에 따른 몇 가지 규칙을 기억해두는 것이 좋습니다.

(1) 명사의 마지막 글자가 s, sh, ch, x, o이면 es를 붙입니다.

- **dish-dishes** 그릇-그릇들
- **church-churches** 교회-교회들
- **potato-potatoes** 감자-감자들
- **box-boxes** 상자-상자들
- **photo-photos** 사진-사진들(예외)*
- **The new buses are very expensive.**
  그 새로운 버스들은 매우 비싸다.

(2) 명사가 〈자음 + y〉로 끝나면 y를 빼고 ies를 붙입니다.

- **baby-babies** 아기-아기들
- **city-cities** 도시-도시들
- **The animal eats berries.**
  그 동물은 딸기를 먹습니다.

(3) 명사의 끝이 f, fe로 끝나면 f, fe를 ves로 바꿉니다.

- **leaf-leaves** 나뭇잎-나뭇잎들
- **knife-knives** 칼-칼들
- **roof-roofs** 지붕-지붕들(예외)*
- **Look at the fallen leaves.**
  저 낙엽들을 봐라.

피트(feet)가 복수형이라고?

주로 복수형을 사용하는 명사

영어에는 단수형보다 복수형을 훨씬 더 많이 사용하는 명사들이 있습니다. 두 개가 하나의 짝을 이루고 있는 것들입니다.

- **glasses** 안경
- **jeans** 청바지
- **pants** 바지
- **socks** 양말
- **scissors** 가위
- **My mother wears glasses.**
  내 어머니는 안경을 쓰신다.

복수형의 예외

미국의 길이 단위 중 '피트(feet)'가 있습니다. 이는 foot(발)의 복수형입니다. 복수형을 만드는 방법이 -(e)s를 붙이는 것만 있지는 않다는 겁니다.

(1) 단수형과 동일

- **fish** 물고기(들)
- **sheep** 양(들)
- **means** 수단(들)
- **species** 종(들)

(2) 불규칙

- **man-men** 남자-남자들
- **woman-women** 여자-여자들
- **child-children** 아이-아이들
- **tooth-teeth** 이빨-이빨들

학문 이름을 의미하는 다음 명사들은 -s로 끝나지만, 복수형이 아니라 단수형임을 기억하세요!
· economics 경제학 · mathematics 수학 · physics 물리학

연습문제 2

- 다음 명사의 복수형을 빈칸에 적으세요.

   1. pen 펜 _____
   2. tree 나무 _____
   3. chair 의자 _____
   4. wish 소망 _____
   5. bench 의자 _____
   6. hobby 취미 _____
   7. wolf 늑대 _____
   8. belief 믿음 _____
   9. cross 십자가 _____
   10. month 달 _____

- 우리말과 같은 뜻이 되도록 괄호 속 단어를 이용하여 빈칸을 채우세요.

   1. 그 아기들은 잠을 자고 있었다.
      The _____ were asleep. (baby)

   2. 당신의 눈을 문지르지 말라.
      Don't rub your _____. (eye)

   3. 택시 두 대가 막 지나갔다.
      Two _____ just passed by. (taxi)

   4. 사람들은 많은 다양한 방식으로 요리를 한다.
      People cook in many different _____. (way)

   5. 그 가지들은 하늘 쪽으로 뻗어 있다.
      The _____ are spreading toward the sky. (branch)

   6. 그 고래들의 사진들을 봐라.
      Look at the _____ of the whales. (photo)

■ 다음 단어의 뜻을 빈칸에 적으세요.

1. men _____
2. women _____
3. children _____
4. teeth _____
5. pants _____
6. politics _____
7. mice _____
8. means _____

■ 다음 영어 문장이 우리말과 같도록 빈칸을 채우세요.

1. I don't like wearing glasses.
   나는 _____을 쓰는 것이 싫다.

2. The glass is full of apple juice.
   그 _____은 사과주스가 가득 들어 있다.

3. The sheep were lying on the grass.
   그 _____은 풀밭에 누워 있었다.

4. Physics is my favorite subject.
   _____은 내가 제일 좋아하는 과목이다.

5. A person called you yesterday.
   한 _____이 어제 네게 전화를 했다.

6. Many people are sitting on the bench.
   많은 _____이 그 벤치에 앉아 있다.

7. Many species of animals live in a forest.
   많은 동물 _____이 숲 속에 산다.

Point 05
Tom's는 Tom의 복수가 아니다

Tom's는 Toms가 아닙니다. 명사 다음에 붙는 's('는 어포스트로피라는 부호입니다)는 '~의'라는 뜻입니다. 소위 소유격이라는 것인데, 만드는 방법이 명사에 따라 다릅니다.

 사람명사 + 's + ~

- **Tom's book** Tom의 책
- **my father's books** 내 아버지의 책들
- **Her mother's job is teaching English.**
  그녀 어머니의 직업은 영어를 가르치는 것이다.

 ~ + of + 사물명사

- the **cover of a book** 책의 표지
- the **roof of my house** 내 집의 지붕
- **What is the title of the book?** 그 책의 제목은 무엇인가?

> 사람이 아니더라도 국가/시간/거리 명사의 경우 's를 붙일 수 있습니다.
> - Japan's future 일본의 미래
> - today's newspaper 오늘의 신문
>
> 단, 복수인 경우처럼 명사가 -s로 끝나면 '(어포스트로피)만 붙입니다.
> - Columbus' discovery 콜럼버스의 발견
> - a girls' school 여학교
> - three miles' distance 3마일의 거리

Point 06
many와 much가 '많이' 헷갈려?

 ### 셀 수 있으면 many

한국어의 '많은'에 해당하는 영어는 many와 much가 있습니다. 둘의 사용법을 구별하는 방법은? 전혀 문제없습니다. 셀 수 있는 복수명사 앞에 many를 붙입니다. 그러면 '많은 ~들'이라는 표현이 됩니다.

- many books 많은 책들
- many sandwiches 많은 샌드위치들
- many leaves 많은 나뭇잎들
- She is the author of many books.
  그녀는 많은 책들의 저자다.

 ### 셀 수 없으면 much

셀 수 없는 단수명사 앞에 much를 붙입니다. 그러면 '많은 ~'이라는 표현이 됩니다.

- much water 많은 물
- much money 많은 돈
- much time 많은 시간
- She doesn't need much money.
  그녀는 많은 돈이 필요하지 않다.

헷갈린다면 또 다른 방법이 있습니다. many/much 대신 a lot of 혹은 lots of를 쓰면 됩니다. 수와 양을 가리지 않고 동일하게 사용할 수 있는 표현입니다.
- many books = a lot of[lots of] books 많은 책들
- much water = a lot of[lots of] water 많은 물

연습문제 3

■ 두 개의 보기 중에서 올바른 것을 고르세요.

1. I left my book at [Jane's / Janes] house.
   나는 내 책을 Jane의 집에 놔뒀다.

2. The book changed [people's / peoples] minds.
   그 책은 사람들의 마음을 변화시켰다.

3. New York City is [America's / Americas] biggest city.
   뉴욕 시는 미국의 가장 큰 도시다.

4. He is preparing for next [week's / weeks] game.
   그는 다음 주 경기를 위해 준비 중이다.

5. She felt tired after 3 [hour's / hours'] drive.
   그녀는 3시간의 운전 뒤에 피곤함을 느꼈다.

6. Mike broke [the house's window / the window of the house].
   Mike는 그 집의 창문을 깨뜨렸다.

■ 우리말과 같은 뜻이 되도록 소유격을 이용하여 빈칸을 채우세요.

1. 나는 어머니의 목소리를 들었다.
   I heard my _____ voice.

2. 오늘의 날씨는 화창하다.
   _____ weather is sunny.

3. 그 남자의 문제는 무엇인가?
   What is the _____ problem?

4. Jake는 한국의 역사에 관심이 많았다.
   Jake was interested in _____ history.

■ 두 개의 보기 중에서 올바른 것을 고르세요.

1. There are [many / much] stars in the sky.
   하늘에는 많은 별이 있다.

2. We don't have [many / much] time left.
   우리에게 남은 시간이 많지 않다.

3. He helped [many / much] children.
   그는 많은 아이들을 도왔다.

4. [Many / Much] people don't care about it.
   많은 사람들이 그것에 대해 신경 쓰지 않는다.

5. He uses too [many / much] butter.
   그는 너무 많은 버터를 쓴다.

6. You should do [many / much] exercise.
   너는 많은 운동을 해야 한다.

■ 우리말과 같은 뜻이 되도록 빈칸을 채우세요.

1. 우리는 많은 문제가 있었다.
   We had many _____.

2. 아이들은 커피를 많이 마시면 안 된다.
   Kids should not drink much _____.

3. 어제 비가 많이 내렸다.
   We had _____ rain yesterday.

4. Jane은 많은 이유로 화가 났다.
   Jane was angry by _____ reasons.

몬무룩...

Point 07
a few와 a little이 '조금' 헷갈려?

셀 수 있으면 a few

한국어로 '조금의' 혹은 '몇몇의'라는 뜻을 가진 a few와 a little도 전혀 헷갈릴 필요가 없습니다. many처럼 a few는 셀 수 있는 복수명사 앞에 붙습니다.

- **a few books** 몇 권의 책들 • **a few sandwiches** 조금의 샌드위치들
- **a few leaves** 몇몇의 나뭇잎들
- She is the author of **a few** books.
  그녀는 몇 권 책들의 저자다.

셀 수 없으면 a little

much처럼 a little은 셀 수 없는 명사 앞에 붙습니다.

- **a little water** 조금의 물 • **a little money** 조금의 돈
- **a little time** 조금의 시간
- She needs **a little** money.
  그녀는 조금의 돈이 필요하다.

a few와 a little에서 a를 뺀 few와 little은 '거의 없는'이라는 부정적 의미를 가집니다. few 역시 셀 수 있는 복수명사, little 역시 셀 수 없는 명사 앞에 오는 것은 같습니다.

- <u>Few</u> people know about the book.
  그 책에 대해 알고 있는 사람은 거의 없다.
- The poor man has <u>little</u> money.
  그 가난한 사람은 돈이 거의 없다.

아무거나 말고 '그'것!

정관사 the의 쓰임

명사 앞에 붙어 있는 the는 명사에 '그 ~'라는 특정한 의미를 부여합니다. a book이 (불특정한) 책이라면 the book은 (특정한) 그 책을 가리키죠. 정관사 the의 쓰임은 여러가지가 있는데 찬찬히 살펴볼까요?

(1) 앞에 나온 명사를 반복할 때

- I bought a book yesterday. I read the book today.
  나는 어제 책 한 권을 샀다. 나는 그 책을 오늘 읽었다.
- She has a son, and the son is a teacher.
  그녀는 아들이 하나 있는데, 그 아들은 선생님이다.

(2) 상황상 특정 명사임을 알 때

- Close the door, and sit on the chair.
  문을 닫고 의자에 앉아라.
- Turn off the light, please. 불을 꺼주십시오.

(3) 명사가 꾸밈을 받을 때

- The book on the desk is interesting.
  책상 위에 있는 그 책은 재미있다.
- My mother is the lady on your right.
  내 어머니는 당신 오른쪽의 여자 분이다.

(4) 하나밖에 존재하지 않는 명사일 때

- The sun rises in the east. 해는 동쪽에서 뜬다.
- Turn to the left now. 지금 왼쪽으로 돌아라.

연습문제 4

- **두 개의 보기 중에서 올바른 것을 고르세요.**

    1. There are [a few / a little] stars in the sky.
       하늘에 별이 조금 있다.

    2. Add [a few / a little] salt and it'll taste better.
       소금을 조금 넣으면 맛이 더 좋아질 것이다.

    3. I met him [a few / a little] days ago.
       나는 그를 며칠 전에 만났다.

    4. I really want [a few / a little] help from you.
       정말 나는 너의 도움이 조금 필요해.

    5. They started to fall asleep after [a few / a little] time.
       그들은 조금의 시간이 흐르자 잠들기 시작했다.

- **우리말과 같은 뜻이 되도록 빈칸을 채우세요.**

    1. 하늘에 별이 거의 없다.
       There are _____ stars in the sky.

    2. 그는 버터를 거의 쓰지 않는다.
       He uses _____ butter.

    3. 그는 외롭지 않은데, 친구가 조금 있기 때문이다.
       He isn't lonely, for he has _____ friends.

    4. 다행히도 희망은 조금 있다.
       Fortunately, there is _____ hope.

    5. 너는 운동을 너무 적게 한다.
       You do too _____ exercise.

- 다음 각 문장에서 밑줄 친 정관사 the가 쓰인 이유를 적으세요.

    1. What is <u>the</u> price of gasoline in Seoul? (   )
       서울의 휘발유 가격은 얼마인가?

    2. Put <u>the</u> gun down. (   )
       그 총을 내려놓아라.

    3. Jane saw a boy in the rain. She gave <u>the</u> boy her umbrella.
       (   )
       Jane은 빗속에서 소년을 보았다. 그녀는 그 소년에게 자신의 우산을 줬다.

    4. <u>The</u> moon is a satellite of <u>the</u> earth. (   )
       달은 지구의 위성이다

- 우리말과 같은 뜻이 되도록 빈칸에 가장 적절한 것을 고르세요.

    1. 내가 좋은 카페를 찾았어. 그 카페는 바로 저기에 있어.
       I found a nice cafe. _____ cafe is right there.

       ① A   ② An   ③ The   ④ 필요 없음

    2. 너는 그 기회를 잡아야 한다.
       You should take _____ opportunity.

       ① A   ② An   ③ The   ④ 필요 없음

    3. 나무 옆의 여자아이는 내 여동생이다.
       _____ girl next to the tree is my sister.

       ① A   ② An   ③ The   ④ 필요 없음

   몬무룩...

Point 09
관사를 쓸까 말까 알쏭달쏭?

the를 꼭 써야 하는 경우

고유명사라 the가 필요 없어 보이는데 꼭 써야 하는 경우가 있습니다.

(1) 산맥, 국가

- **the Alps** 알프스 산맥
- **the Philippines** 필리핀

(2) 강, 바다, 사막

- **the Nile** 나일강
- **the Pacific** 태평양
- **the Sahara** 사하라 사막

(3) 신문, 잡지

- **the New York Times** 뉴욕 타임즈
- **the Economist** 이코노미스트

관사를 쓰지 말아야 하는 경우

정관사 the는 물론 부정관사 a도 쓰지 말아야 할 경우도 있습니다.

(1) 식사, 운동, 계절

- **have Φ lunch at noon** 정오에 점심을 하다
- **play Φ baseball** 야구를 하다
- **after Φ winter** 겨울 후에

(2) 장소가 본래 목적으로 사용될 때

- **go to Φ school** 공부하러 (학교에) 가다
- **go to the school** 그 학교에 가다

(3) by + 교통수단

- **by Φ bus** 버스로
- **by Φ plane** 비행기로

Point 10
book, 너 명사 아니었어?

 명사와 동사의 모양이 똑같은 단어

'부킹(booking)'이란 말 잘 아시죠? 명사 book(책)이 아니라 동사 book(예약하다)에서 나온 말이랍니다. "book이 동사라고요?" 당장 물어보는 분이 계실 겁니다. 영어에는 명사와 동사의 형태가 같은 단어들이 많아 뜻이 다른 것들은 특별히 유의하셔야 합니다.

(1) answer(대답 / 대답하다)

- Your answer is right. 네 대답은 옳다.
- Answer me right now. 내게 지금 당장 대답해라.

(2) bear(곰 / 참다)

- Polar bears live in the Arctic. 북극곰은 북극에 산다.
- I can't bear the cold weather. 나는 추위를 참을 수 없다

(3) cook(요리사 / 요리하다)

- My wife is a good cook. 내 아내는 훌륭한 요리사다.
- I cook my own meals. 나는 내 식사를 직접 요리한다.

(4) face(얼굴 / 마주하다)

- There is a smile on her face. 그녀 얼굴에 미소가 있다.
- I am facing a problem. 나는 문제 하나를 마주하고 있다.

(5) hand(손 / 건네다)

- Cover your eyes with a hand. 손으로 눈을 가려라.
- Hand me the book. 그 책을 내게 건네라.

연습문제 5

- **빈칸에 적절한 단어를 쓰세요.**

    1. _____ Alps looked beautiful.
       알프스 산맥은 아름답게 보였다.

    2. Some people in _____ Philippines live on water.
       필리핀의 일부 사람들은 물 위에서 산다.

    3. _____ Nile flows through Egypt.
       나일 강은 이집트를 통과해 흐른다.

    4. _____ Pacific is bigger than Asia.
       태평양은 아시아보다 크다.

    5. Let's look at _____ New York Times today.
       오늘자 뉴욕타임즈를 보자.

    6. Canada is above _____ United States of America.
       캐나다는 미합중국 위에 있다.

- **두 개의 보기 중에서 올바른 것을 고르세요.**

    1. Annapruna is a mountain in [a / the] Himalayas.

    2. How long is [a / the] Han River?

    3. There are many islands in [a / the] Mediterranean.

    4. She was the first woman to cross [a / the] Atlantic.

    5. We played [baseball / the baseball] after school.

    6. He played [piano / the piano] for two hours.

    7. Days are short in [winter / the winter].

    8. They go to [church / a church] every Sunday.

■ 밑줄 친 단어에 유의하여 빈칸을 채우세요.

1. His <u>answer</u> was correct.
   그의 _____은 옳았다.

2. She <u>answered</u> my question without difficulty.
   그녀는 내 질문에 어렵지 않게 _____.

3. A koala looks like a little <u>bear</u>.
   코알라는 작은 _____을 닮았다.

4. I can't <u>bear</u> the cold weather.
   나는 추운 날씨를 _____ 수 없다.

5. Do you want to be a <u>cook</u>?
   너는 _____가 되고 싶니?

6. To be honest, I don't like to <u>cook</u>.
   솔직히, 나는 _____을 좋아하지 않는다.

7. Her <u>face</u> is so cute.
   그녀의 _____은 매우 귀엽다.

8. Young people <u>face</u> a bright future.
   젊은이들은 밝은 미래를 _____.

9. His left <u>hand</u> was burned.
   그의 왼쪽 _____이 화상을 입었다.

10. Please <u>hand</u> me the newspaper.
    그 신문 좀 제게 _____.

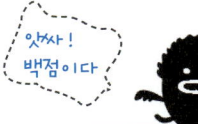

대명사

명사를 대신한다는 대명사. 문법책에서는 이를 또 인칭대명사, 지시대명사, 부정대명사라는 어려운 말들로 분류를 해놨습니다. 거기에다 소유대명사와 재귀대명사까지. 어느 여자 아이돌 그룹의 노래 제목처럼 I-my-me-mine(나는-나의-나를-나의 것)이라고 입에 익히고, 하나 하나 그 쓰임을 터득하면 되지, 그것이 어디에 속하는 것인지 따로 공부할 필요까지는 없습니다. 예를 들어, all과 every 그 자체가 중요한 것이지 어떤 대명사인지 몰라도 된다는 얘기입니다. 대명사는 반복되는 명사를 피하고 언어생활을 간편하게 만들기 위해서 만들어진 것일 뿐입니다.

Chapter 2

Point 11
나, 너, 그, 그녀, 우리, 그들

 단수 인칭대명사

제 이름은 '윤재남'입니다. 그런데 저를 지칭할 때, 계속 '윤재남'이라 말하는 대신 '나'라고 하면 한결 더 편할 것입니다. 대명사는 명사를 대신합니다. '나 I'는 1인칭, '너 you'는 2인칭, 나와 너를 제외한 '그 he, 그녀 she, 그것 it'은 3인칭이며, 한 사람을 가리키는 단수형입니다.

- **I** am reading a book now. 나는 지금 책을 읽고 있다.
- **You** have a good friend. 너는 좋은 친구를 가지고 있다.
- **He** plays the violin very well. 그는 바이올린을 매우 잘 연주한다.
- **She** is lying in her bed. 그녀는 침대에 누워 있다.
- **The book is popular, so it sells well.**
  그 책은 인기가 있어서, 그것은 잘 팔린다.

 복수 인칭대명사

대명사도 복수가 있습니다. 1인칭 복수는 '우리 we', 2인칭 복수는 '너희들 you', 3인칭 복수는 '그(것)들 they'입니다.

- **We** don't fight. 우리는 싸우지 않는다.
- **Mary and Jane, I will miss you.**
  Mary와 Jane, 나는 너희들이 그리울 것이다.
- **They** have finished their work. 그들은 그들의 일을 끝마쳤다.
- **They** are too heavy for me. 그것들은 내게 너무 무겁다.

Point 12
나는, 나의, 나를

인칭대명사의 격에 따른 변화

인칭대명사가 주어로 쓰이면 주격, 명사 앞에 오면 소유격, 목적어로 쓰이면 목적격으로 그 모양이 바뀝니다.

		주격	소유격	목적격
단수	1인칭	I 나는	my 나의	me 나를
	2인칭	you 너는	your 너의	you 너를
	3인칭	he 그는 she 그녀는 it 그것은	his 그의 her 그녀의 its 그것의	him 그를 her 그녀를 it 그것을
복수	1인칭	we 우리는	our 우리의	us 우리를
	2인칭	you 너희들은	your 너희들의	you 너희들을
	3인칭	they 그(것)들은	their 그(것)들의	them 그(것)들을

- **Give my ball back to me.** 내 공을 내게 다시 돌려주라.
- **Your father doesn't want to help you.**
  너의 아버지는 너를 도와주고 싶어 하지 않는다.
- **His dog follows him.** 그의 개가 그를 따른다.
- **Her sister takes care of her.** 그녀의 언니가 그녀를 돌본다.
- **Our teacher tells us to study hard.**
  우리 선생님은 우리에게 공부를 열심히 하라고 말한다.
- **Your families are proud of you.**
  여러분의 가족들은 여러분을 자랑스러워한다.
- **Their victory made them happy.**
  그들의 승리는 그들을 행복하게 만들었다.

연습문제 6

■ 우리말과 같은 뜻이 되도록 빈칸을 채우세요.

1. 나는 나의 가족을 사랑한다.

   _____ love my family.

2. 너는 왜 잠을 늦게 잤니?

   Why did _____ sleep so late?

3. 그는 매일 컴퓨터 게임을 한다.

   _____ plays computer games everyday.

4. 그녀는 예쁜 인형을 좋아한다.

   _____ likes pretty dolls.

5. 그 주스는 달콤했지만 너무 차가웠다.

   The juice was sweet but _____ was too cold.

6. 우리는 제 시간에 학교에 가야 한다.

   _____ have to go to school on time.

7. 그들은 어제 그 박물관에 갔다.

   _____ went to the museum yesterday.

■ 빈칸에 적절한 인칭대명사를 쓰세요.

1. Does Tom like pizza? ~ No. _____ doesn't like fast food.

2. Why don't you play with your girlfriend? ~ No, I can't. _____ is so busy.

3. Do you and your boyfriend go to the same school? ~ Yes, _____ do.

■ 우리말과 같은 뜻이 되도록 빈칸을 채우세요.

1. 나의 집에는 큰 TV가 있다.
   There is a big TV in _____ house.

2. 그의 친구들은 그를 Jam이라고 불렀다.
   _____ friends called _____ Jam.

3. 그 공연은 그녀를 즐겁게 했다.
   The performance made _____ joyful.

4. 나는 그들의 취향을 이해할 수 없다.
   I can't understand _____ taste.

5. 그 시합은 우리에게 큰 도전이었다.
   The game was a big challenge for _____.

6. 내 아들이 새 책이 필요했고, 그래서 나는 그것들을 샀다.
   My son needed new books, so I bought _____.

■ 두 개의 보기 중에서 올바른 것을 고르세요.

1. [She / Her] watched the movie yesterday.

2. I think [you / your] dog is sick.

3. [His / Him] laughter filled the home.

4. Peter can't find [its / his] package.

5. The house is famous for [its / it's] garden.

6. Money cannot always make [our / us] life happy.

Point 13
내 것, 네 것 구별하자

 소유대명사의 종류

인칭대명사의 소유격과 명사를 합친 것이 소유대명사입니다. 명사를 반복해서 사용하는 것을 피하기 위해서 사용합니다.

- **This book is mine. = This book is my book.**
  이 책은 나의 것입니다. = 이 책은 나의 책입니다.

		주격	소유격	소유대명사
단수	1인칭	I	my 나의	mine 나의 것
	2인칭	you	your 너의	yours 너의 것
	3인칭	he	his 그의	his 그의 것
		she	her 그녀의	hers 그녀의 것
		it	its 그것의	x
복수	1인칭	we	our 우리의	ours 우리의 것
	2인칭	you	your 너희들의	yours 너희들의 것
	3인칭	they	their 그(것)들의	theirs 그(것)들의 것

- **My pen is black, but yours(= your pen) is red.**
  내 펜은 검은 색이지만, 네 것(네 펜)은 빨간 색이다.

- **Her house is bigger than his(= his house).**
  그녀의 집은 그의 것(그의 집)보다 크다.

- **His idea is different from ours(= our idea).**
  그의 생각은 우리의 것(우리의 생각)과 다르다.

- **Our children like theirs(= their children).**
  우리 아이들은 그들의 것(그들의 아이들)을 좋아한다.

Point 14
재귀대명사? 자신(self)에게 다시 돌아간 대명사!

 ### 재귀대명사의 사용

일반적으로 주어와 목적어는 서로 다릅니다. 그런데 주어와 목적어가 똑같을 경우, 목적어 자리에 재귀대명사를 씁니다.

- **I love you.** (주어 I ≠ 목적어 you)
  나는 너를 사랑한다.

- **I love myself.** (주어 I = 목적어 myself)   • **I love me.** (X)
  나는 나 자신을 사랑한다.

 ### 재귀대명사의 종류

주격	재귀대명사	주격	재귀대명사
I	myself 나 자신	we	ourselves 우리 자신
you	yourself 너 자신	you	yourselves 너희들 자신
he she it	himself 그 자신 herself 그녀 자신 itself 그것 자체	they	themselves 그(것)들 자신

- **You should take care of yourself.** 너는 너 자신을 돌봐야 한다.
- **He blamed himself.** 그는 그 자신을 비난했다.
- **She called herself Becky.** 그녀는 그녀 자신을 Becky라고 불렀다.
- **We learn to protect ourselves.**
  우리는 우리 자신을 보호하는 법을 배운다.
- **Heaven help those who help themselves.**
  하늘은 그들 자신을 돕는 사람들을 돕는다.

연습문제 7

- 우리말과 같은 뜻이 되도록 빈칸에 적절한 소유대명사를 쓰세요.

    1. 그 빨간 자동차는 나의 차야.
       The red car is _____.

    2. 우리는 네 차보다 빠른 차가 필요하다.
       We need a faster car than _____.

    3. 이 책이 그의 책이니, 그녀의 책이니?
       Is this book _____ or _____?

    4. 우리는 우리의 집을 그들의 집과 비교했다.
       We compared our house with _____.

    5. 네 돈 대신에 내 돈을 가져라.
       Take my money instead of _____.

- 두 개의 보기 중에서 올바른 것을 고르세요.

    1. He says the seat is not [me / mine].
       그는 그 자리가 내 것이 아니라고 말한다.

    2. I don't have a pen. Can I borrow [your / yours]?
       나는 펜이 없어. 네 것을 빌려줄 수 있니?

    3. This phone is [his / him], not yours.
       이 전화는 그의 것이지, 네 것이 아니다.

    4. His phone is slimmer than [us / ours].
       그의 전화는 우리 것보다 더 얇다.

    5. Your idea is the same as [their / theirs].
       네 생각은 그들 것과 똑같다.

- 우리말과 같은 뜻이 되도록 빈칸에 적절한 재귀대명사를 쓰세요.

  1. 나는 내 자신이 이해가지 않는다.
     I don't understand _____.

  2. 너는 너 자신을 위해 요리할 수 있다.
     You can cook for _____.

  3. 그는 그 자신에 대해 무엇이라고 말하는가?
     What does he say about _____?

  4. 그녀는 그녀의 일에 자기 자신을 잃어버린다[몰두한다].
     She loses _____ in her work.

  5. 우리는 우리 자신을 사랑해야 한다.
     We should love _____.

- 두 개의 보기 중에서 올바른 것을 고르세요.

  1. I don't want to disappoint [me / myself].
     나는 나 자신을 실망시키고 싶지 않다.

  2. It's important to believe in [yours / yourself].
     네 자신을 믿는 것은 중요하다.

  3. She grabbed the rope to save [her / herself].
     그녀는 자기 자신을 구하기 위해 그 줄을 잡았다.

  4. Don't let him hurt [himself / herself].
     그가 자기 자신을 다치도록 만들지 말라.

  5. We should train [ourself / ourselves] harder to win.
     우리는 이기기 위해 우리 자신을 더 열심히 훈련시켜야 한다.

  문무룩...

Point 15
it, 간단하지가 않네!

문장을 받는 it

대명사 it은 단수의 사물명사를 대신하는 것이 일반적이지만, 앞의 내용을 받을 때도 있습니다.

- **Where's <u>the car</u>? ~ It's over there.** (It = The car)
  그 차는 어디에 있니? ~ 그것은 저쪽에 있다.

- **<u>He loves me</u>? I can't believe it.** (it = he loves me)
  그가 나를 사랑한다고? 나는 그것을 믿을 수 없다.

비인칭주어 it의 쓰임새

시간, 날씨, 거리, 명암 등의 표현에서 주어로 사용되는 it이 있습니다. 형식적 주어로 우리말로 해석하지 않는 이것을 비인칭주어라 합니다.

(1) 시간

- **What time is it now?** 지금 몇 시야? ~ **It's 6 o'clock.** 6시야.

(2) 날씨

- **It will be hot tomorrow.** 내일은 매우 더울 것이다.

(3) 거리

- **How far is it to your school?** 네 학교는 얼마나 머니?
- **It's about 5 miles from here.** 여기서 약 5마일이다.

(4) 명암

- **It's getting dark.** 어두워지고 있다.
- **It is very bright here.** 여기는 매우 밝다.

Point 16
'이것'이냐 '저것'이냐?

this와 that의 쓰임

this(이것)는 가까운 사람이나 사물을 가리키고 that(저것)은 먼 것을 가리키는 지시대명사입니다. 한편, this의 복수형은 these(이것들), that의 복수형은 those(저것들)입니다.

- **This is my father.** 이 사람은 내 아버지다.
  These are my students. 이들은 내 학생들이다.
- **This is a book.** 이것은 책이다.
  These are books. 이것들은 책들이다.
- **That is my teacher.** 저 사람은 내 선생님이다.
  Those are my teachers. 저들은 내 선생님들이다.
- **That is a cat.** 저것은 고양이다.
  Those are cats. 저것들은 고양이들이다.

지시형용사

this/these나 that/those는 명사 앞에 오는 지시형용사로 쓸 때도 있습니다. 해석은 '이' 그리고 '저'라고 하면 됩니다.

- **This book is interesting.** 이 책은 흥미롭다.
  That cat is cute. 저 고양이는 귀엽다.
- **These books are not mine.** 이 책들은 내 것이 아니다.
  Those cats are cute. 저 고양이들은 귀엽다.

연습문제 8

- 각 문장의 밑줄 친 it이 의미하는 것을 적으세요.

    1. I bought cheese. <u>It</u> smelled good. (   )
    2. He wants to travel, but <u>it</u> is impossible. (   )
    3. <u>It</u> is fun to play with children. (   )
    4. On Friday, <u>it</u> will be sunny again. (   )
    5. <u>It</u> takes 1 hour to go to school. (   )
    6. <u>Is</u> it hot or cold outside? (   )

- 우리말과 같은 뜻이 되도록 괄호 안의 단어들을 알맞게 배열하세요.

    1. 지금은 한 시다. (1 o'clock, it, is, now)
       _____.

    2. 눈이 많이 오고 있다. (snowing, is, it, hard)
       _____.

    3. 바다까지 2킬로미터다. (to, is, it, two kilometers, the sea)
       _____.

    4. 여기는 너무 어둡다. (dark, too, it, here, is)
       _____.

    5. 저녁 식사 시간이다. (for, it, time, is, dinner)
       _____.

- 우리말과 같은 뜻이 되도록 빈칸에 적절한 지시대명사를 쓰세요.

    1. 이 분은 우리 회장님, Mr. Kim입니다.

        _____ is Mr. Kim, our president.

    2. 이것들은 세일 중입니다.

        _____ are on sale.

    3. 내 생각에 저것은 너무 비싸다.

        I think _____ is too expensive.

- 우리말과 같은 뜻이 되도록 빈칸에 적절한 지시형용사를 쓰세요.

    1. 나는 이 책에 관심이 있다.

        I am interested in _____ book.

    2. 이 학생들은 프랑스어를 공부하고 있었다.

        _____ students were studying French.

    3. 나는 저 소년을 참을 수 없다.

        I can't stand _____ boy.

- 두 개의 보기 중에서 올바른 것을 고르세요.

    1. [This / These] is yours and that is mine.

    2. [That / Those] are my friends.

    3. I don't know [this / these] man.

    4. [That / Those] people shouted at me.

this는 가깝고, that은 멀고

 this는 현재, that은 과거

this와 that을 '이것'과 '저것'이란 의미로 기계적으로 암기하시면 안 됩니다. 시간명사 앞의 this/these는 현재, that/those는 과거를 뜻합니다.

- **this** morning 오늘 아침
- **these** days 요즈음
- **that** morning 그날 아침
- **those** days 그 시절

 this는 앞으로 나올 내용, that은 앞에서 나왔던 내용

특정 명사가 아니라, 앞으로 나올 내용은 this로, 앞에서 나왔던 내용은 that으로 대신할 수 있습니다.

- **Listen to this. I will marry Jane.**
  이것을 들어봐. 나는 Jane과 결혼할 거야.
- **Did he win? I didn't imagine that.**
  그가 이겼다고? 나는 그것을 상상조차 못 했어.

that/those는 꾸밈을 받는 명사의 반복을 피하기 위한 대명사로도 쓰입니다.

- The population of Japan is larger than that of Korea.
  일본의 인구는 한국의 인구보다 많다. (that = the population)
- The ears of a rabbit are longer than those of a cat.
  토끼의 귀는 고양이의 귀보다 더 길다. (those = the ears)

one을 '하나'로만 알고 있었어?

막연한 사람을 가리키는 one

one은 당연하게 숫자 1에 해당하는 '하나'의 뜻을 가집니다. 그런데 대명사의 용법도 있음을 잊지 말아야 합니다. 먼저, 막연한 사람을 가리킬 때가 있습니다.

> • **One** should study hard when young.
> 사람은 젊어서 열심히 공부해야 한다.

불특정 단수명사를 대신하는 one

one의 더욱 중요한 용법은 불특정 단수명사를 대신하는 것입니다. 이때, 특정 명사를 대신하는 it과 구별해야 합니다.

> • I need <u>a pen</u>. Can you lend **one**? (one = a pen)
> 나는 펜이 필요해. 너는 하나 빌려줄 수 있니?
>
> • I have <u>a good pen</u>. You can use **it**. (it = the pen)
> 나는 좋은 펜이 하나 있다. 너는 그것을 사용해도 된다.

형용사의 수식을 받는 one

one 앞에 형용사가 오는 〈a(n) + 형용사 + one〉 구문도 있을 수 있습니다. 한편, ones는 one의 복수형입니다.

> • I need a <u>pen</u>. Do you have a new **one**? (one = pen)
> 나는 펜이 필요해. 너는 새로운 펜 하나 가지고 있니?
>
> • These are old <u>pens</u>. Do you have new **ones**? (ones = pens)
> 이것들은 낡은 펜들이야. 너는 새로운 펜들이 있니?
>
> • He has three <u>balls</u>; a large **one**, and two small **ones**.
> 그는 공을 3개 가지고 있다. 큰 공 하나와 작은 공 두 개.

연습문제 9

- 두 개의 보기 중에서 우리말에 맞는 영어 표현을 고르세요.

  1. 우리는 오늘 저녁 집에 머무를 예정이다.
     We are going to stay home [this / that] evening.

  2. 그날은 날씨가 매우 더웠다.
     It was very hot [this / that] day.

  3. 요즘은 아침에 덥다.
     It's hot in the morning [these / those] days.

- 밑줄 친 단어에 유의하여 다음 문장을 우리말로 옮기세요.

  1. I'm good at English, and <u>this</u> is my strength.
     _____

  2. He says he is rich, but I can't believe <u>that</u>.
     _____

- 두 개의 보기 중에서 올바른 것을 고르세요.

  1. The lifestyle of Europeans is different from [this / that] of Asians.
     유럽인들의 생활 방식은 아시아인들의 생활방식과 다르다.

  2. The story of the movie is very similar to [that / those] of my book.
     그 영화의 이야기는 내 책의 이야기와 매우 비슷하다.

  3. The products of this year are better than [these / those] of last year.
     올해의 제품들이 작년의 제품들보다 더 괜찮다.

- 각 문장의 밑줄 친 one의 의미를 구별하여 적으세요.

  1. There's only <u>one</u> phone I want to buy. (   )
  2. <u>One</u> must have a mobile phone these days. (   )
  3. <u>One</u> of my friends lost his phone. (   )
  4. I need a phone, so I'll ask mom to buy <u>one</u>. (   )
  5. These are short pants. Do you have long <u>ones</u>? (   )

- 우리말과 같은 뜻이 되도록 빈칸에 적절한 대명사를 쓰세요.

  1. 나는 지우개가 필요해. 너 지우개 하나 있니?
     I need an eraser. Do you have _____?

  2. 너는 핸드폰을 가지고 있구나. 내가 그것을 사용해도 되니?
     You have a mobile phone. Can I use _____?

  3. 나의 컴퓨터가 고장 났다. 나는 새 컴퓨터를 사야 한다.
     My computer is broken. I must get a new _____.

  4. 빨간 셔츠가 파란 셔츠보다 값이 싸다.
     A red shirt is cheaper than a blue _____.

  5. 이 상자들은 너무 작다. 나는 더 큰 상자들이 필요하다.
     These boxes are too small. I need bigger _____.

  6. 나는 파란 펜 하나와 빨간 펜 두 개를 샀다.
     I bought a blue pen and two red _____.

달라도 너무 달라

the other

other는 '다른'이란 의미의 형용사입니다. 이 단어에서 파생된 대명사 the other와 another를 헷갈리면 안 됩니다. the other는 2개 중 하나(one)를 언급한 후 남은 다른 하나를 가리킵니다. 특정한 것이기 때문에, 정관사 the가 붙음을 명심해야 합니다.

- **She has two sons. One is a doctor, and the other is a teacher.**
  그녀는 2명의 아들이 있다. 한 명은 의사고, 다른 한 명은 선생님이다.

- **I have two books. One is thick, and the other is thin.**
  나는 2권의 책이 있다. 한 권은 두껍고, 다른 한 권은 얇다.

another

another는 3개 이상 혹은 다수의 것에서 하나(one)를 언급한 후 또 다른 하나를 가리킬 때 사용합니다. 다르지만(other), 불특정이기 때문에 부정관사 an이 붙은 것입니다. 단독으로 쓰일 수도 있지만, 뒤에 단수명사가 따를 수도 있습니다.

- **I have 3 brothers. One is 20 years old, another is 18, and the other is 16.**
  나는 3명의 형제가 있다. 한 명은 20살, 또 한 명은 18살, 그리고 나머지 한 명은 16살이다.

- **This is not my favorite. Show me another.**
  이것은 내가 좋아하는 것이 아니야. 또 다른 것을 내게 보여줘.

- **This book is boring. Show me another book.**
  이 책은 지루해. 또 다른 책을 내게 보여줘.

이 사람들, 저 사람들

 ### some - others

다수의 사람이나 사물 중, 일부를 가리킬 때 〈some + 복수명사〉를 사용합니다. 뒤이어 일부를 또 가리킬 때 〈other + 복수명사〉 혹은 줄여서 others를 이용합니다.

> - I have many books. Some are difficult, but others are easy. (Some = Some books, others = other books)
>   나는 많은 책을 갖고 있다. 일부는 어렵지만, 또 일부는 쉽다.
> - Some people like summer; other people like winter.
>   = Some people like summer; others like winter.
>   = Some like summer; others like winter.
>   어떤 사람들은 여름을 좋아하지만, 또 어떤 사람들은 겨울을 좋아한다.

 ### the others

다수의 사람·사물에서 하나 혹은 일부를 제외한 나머지 전체를 가리킬 때는 the others를 사용합니다. 특정 대상이기 때문에 정관사 the가 붙는 겁니다.

> - I have 10 students. One is a boy, and the others are girls. (the others = the other students = 나머지 9명 학생)
>   나는 10명의 학생이 있다. 한 명은 소년이고, 나머지 전체는 소녀들이다.
> - Some people answered "yes," but the others said "no."
>   일부 사람들은 "예"라고 대답했지만, 나머지 사람들은 "아니요"라고 대답했다.
> - These are my flowers. Some are roses, and the others are tulips.
>   이것들은 내 꽃들이다. 일부는 장미고, 나머지 전체는 튤립이다.

53

연습문제 10

■ 빈칸에 적절한 대명사를 쓰세요.

1. I have 2 pens. One is blue and _____ is red.
   나는 두 개의 펜이 있다. 하나는 푸른색이고, 다른 하나는 붉은색이다.

2. There are 3 balls. One is red, _____ is blue, and the other is white.
   세 개의 공이 있다. 하나는 빨갛고, 또 하나는 파랗고, 그리고 나머지 하나는 하얗다.

3. He doesn't live here. He lives in _____ village.
   그는 여기 살지 않는다. 그는 또 다른 마을에 산다.

■ 두 개의 보기 중에서 올바른 것을 고르세요.

1. He has 2 sisters. One is 7 years old, and [another / the other] is 9 years old.
   그는 두 명의 여동생이 있다. 한 명은 7살이고, 나머지 한 명은 9살이다.

2. There are two people. One is female and [other / the other] is male.
   두 사람이 있다. 한 명은 여자고, 나머지 한 명은 남자다.

3. The story is boring. Please tell me [other / another] story.
   그 이야기는 지루해요. 내게 또 다른 이야기를 말해주세요.

4. Is there another [way / ways] to solve this problem?
   이 문제를 풀기 위한 또 다른 방법이 있는가?

- 우리말과 같은 뜻이 되도록 빈칸을 채우세요.

    1. 어떤 사람들은 돈을 위해 살지만, 또 어떤 사람들은 그렇지 않다.
       Some people live for money, but _____ don't.

    2. 어떤 나무들은 키가 크지만, 어떤 나무들은 키가 작다.
       _____ trees are tall, but _____ trees are short.

    3. 나는 강아지 4마리가 있다. 한 마리는 갈색이고, 나머지는 흰색이다.
       I have 4 puppies. One is brown, and _____ are white.

    4. 그 선수는 그 경주에서 나머지 선수들보다 뒤에 있다.
       The player is behind _____ in the race.

- 두 개의 보기 중에서 올바른 것을 고르세요.

    1. Some people like milk, but [other / others] don't.
    2. There are lots of clothes. Some are expensive, but others [is / are] cheap.
    3. Some people were dancing, but other [person / people] were standing.
    4. I have 10 books. 3 books are mine, but the [other / others] are my mother's.
    5. These are my dolls. One is a bear and [others / the others] are rabbits.

'모든'은 all? every?

all

all은 대명사로서 단독으로 쓰면 '모든 사람(복수)' 혹은 '모든 것(단수)'을 의미합니다. 다른 명사와 함께 쓸 때가 더 많지만요.

- **All are present.** 모든 사람이 참석해 있다.
- **All is ready.** 모든 것이 준비돼 있다.
- **All people like him.** 모든 사람들이 그를 좋아한다.
- **All the world knows him.** 온 세상이 그를 알고 있다.

every

형용사 every는 '모든', '매', '마다'로 해석하며, 단수명사와 함께 씁니다.

- **Every girl likes him.** 모든 소녀는 그를 좋아한다.
  Every girls like him. (X)
- **He plays the violin every day.** 그는 아침마다 바이올린을 연주한다.
  [비교] He plays the violin all day. 그는 하루 종일 바이올린을 연주한다.

each

대명사 혹은 형용사 each는 '각각'이라는 의미고, 단수입니다.

- **Each of them has a bike.** 그들 각각은 자전거를 하나씩 가지고 있다.
- **Each student has his computer.**
  각각의 학생은 자신의 컴퓨터를 가지고 있다.
- **She gave one apple to each child.**
  그녀는 각각의 아이에게 사과를 하나씩 주었다.

Point 22
둘 다? 둘 중 하나?

both

두 명의 사람 혹은 두 개의 사물이 있을 때, both는 '둘 다'를 가리키고, 복수입니다. both는 명사를 꾸며주는 형용사로도 쓰일 수 있습니다.

- I have two sons. Both are healthy.
  나는 2명의 아들이 있다. 둘 다 건강하다.
- I love both of them. 나는 그들 둘 다 사랑한다.
- Our goal is to do both. 우리의 목표는 둘 다 하는 것입니다.
- Use both hands. 양손을 이용해라.
- I've lost both my gloves. 나는 내 장갑 두 개를 모두 잃어버렸다.

either

either는 '둘 중 하나'를 가리키고, 단수입니다. either 역시 명사를 꾸며주는 형용사로도 쓸 수 있습니다.

- There are 2 books. Either is good.
  2권의 책이 있다. 어느 쪽도 괜찮다.
- Either of you is wrong. 너희 둘 중 한 명은 틀렸다.

neither

neither는 '둘 다 아니다'입니다.

- Neither of my parents knows it.
  내 부모님 둘 다 그것을 알지 못한다.
- Neither book was interesting. 두 책 모두 재미없었다.

연습문제 11

■ 우리말과 같은 뜻이 되도록 빈칸을 채우세요.

1. 그 모든 학생들이 책을 읽고 있었다.
   _____ the students were reading.

2. 제가 말하는 것은 전부 사실입니다.
   _____ I say is true.

3. 우리 모두는 만족한다.
   _____ of us are satisfied.

4. 모든 자리가 비어 있었다.
   _____ seat was empty.

5. 그 소년들은 매일 야구를 한다.
   The boys play baseball _____ day.

6. 나는 하루 종일 잤다.
   I slept _____ day long.

7. 각각의 아이는 자신의 아이스크림을 샀다.
   _____ child bought his ice cream.

8. 그는 우리 각자에게 무엇을 해야 하는지 말해주었다.
   He told _____ of us what to do.

■ 두 개의 보기 중에서 올바른 것을 고르세요.

1. [All / Every] people shouted at the same time.

2. Teacher gave a pencil to [all / every] student.

3. We go to beach [every / each] summer.

4. [Every / Each] of us has a bike.

■ 우리말과 같은 뜻이 되도록 빈칸을 채우세요.

1. 나는 그들 둘 다에게 선물을 주었다.
   I gave presents to _____ of them.

2. 그녀는 양쪽 눈 모두 좋은 시력을 가지고 있다.
   She has perfect vision in _____ eyes.

3. 어느 쪽으로든 나는 괜찮다.
   _____ way, I'm fine.

4. 우리 둘 다 시험에 통과하지 못했다.
   _____ of us passed the exam.

■ 두 개의 보기 중에서 올바른 것을 고르세요.

1. I watched two movies. [Both / Either] were good.
   나는 2편의 영화를 봤다. 둘 다 좋았다.

2. Look [both / either] ways when you cross the street.
   길을 건널 때는 양쪽을 살펴라.

3. Both of the [boy / boys] are smart.
   그 소년 둘 다 똑똑하다.

4. Does [either / both] of you drink alcohol?
   너희 둘 중 한 명은 술을 마시니?

5. He knows neither of her [sister / sisters].
   그는 그녀의 여자 형제를 둘 다 모른다.

형용사와 부사

명사나 대명사만으로는 외롭습니다. 명사와 대명사의 행위를 맡는 것이 동사라면, 명사와 대명사의 상태나 성격을 묘사하는 것은 형용사입니다. 한편, 부사는 언제(때), 어디서(언제), 얼마나(정도), 어떻게(방법) 등에 해당되는 단어로서, 동사·형용사·부사 등을 꾸며주며, 그 단어들의 뉘앙스를 책임집니다. 우리의 언어가 다채로워지는 것은 형용사와 부사 때문입니다. 그것들이 없다면 얼마나 삭막했을까요? 많이 알아둘수록 우리의 언어 세계는 더욱 화려해질 겁니다.

Chapter 3

a boy? a smart boy!

 형용사의 역할

소개팅을 나가 저를 소개하려 합니다. "I'm a boy."라고 하면 저를 어필할 수 있을까요? 어쩌라고? "I'm a smart boy."라고 소개하면 어떨까요? 흔하디흔한 '소년'이 아니라 '똑똑한 소년' 느낌이 확 살지 않나요? 비밀은 smart에 있습니다. 형용사는 이렇게 명사를 꾸며주어 돋보이게 해줍니다. 이를 형용사의 수식·제한적 용법이라 합니다. 이때 형용사는 보통 우리말로 '~한,' '-ㄴ'으로 해석합니다.

하나의 형용사를 학습할 때, 의미가 유사하거나 반대되는, 혹은 관련된 다른 형용사까지 함께 공부하면 효과 만점입니다. 기본적인 형용사들을 소개합니다.

- **rich** 부유한
- **wealthy** 부유한
- **poor** 가난한
- **old** 늙은, 낡은
- **young** 젊은
- **new** 새로운
- **expensive** 비싼
- **cheap** 싼
- **reasonable** 적당한
- **happy** 행복한
- **unhappy** 불행한
- **sad** 슬픈
- **polite** 예의 바른
- **impolite** 예의 없는
- **rude** 무례한
- **useful** 쓸모 있는
- **useless** 쓸모없는
- **big** 큰
- **large** 큰
- **little** 작은
- **small** 작은
- **fast** 빠른
- **slow** 느린
- **speedy** 빠른
- **high** 높은
- **low** 낮은
- **deep** 깊은
- **shallow** 낮은

식솔이 많아서 뒤로 갈게요~

형용사의 위치

형용사가 명사를 꾸며줄 때, 명사 앞에 오는 것이 원칙입니다. 헌데, 형용사에 딸린 식구가 많다면 명사를 뒤에서 꾸며줍니다.

- **a box** 상자   **a big box** 큰 상자
- **a box full of books** 책들로 가득한 상자

  a full of books box (X)

- **We have a box full of books.**
  우리는 책들로 가득한 상자를 가지고 있다.

- **There are houses available to poor people.**
  가난한 사람들에게 이용 가능한 집들이 있다.

- **She is the teacher responsible for the class.**
  그녀가 그 반을 맡고 있는 선생님이다.

반드시 형용사가 뒤에 오는 경우

-thing, -one, -body로 끝나는 대명사도 형용사가 꾸밀 때는 형용사가 대명사 뒤에 위치합니다.

- **something hot** (O)   **hot something** (X)
  뜨거운 무언가

- **Can't you hear something strange?**
  뭔가 이상한 것이 들리지 않니?

- **I have nothing special to tell you.**
  저는 당신에게 말할 특별한 것이 없습니다.

- **Is there anything interesting in the paper?**
  신문에 재미있는 무언가가 있습니까?

연습문제 12

- 두 개의 보기 중에서 올바른 것을 고르세요.

  1. She give me a [doll pretty / pretty doll].
     그녀는 내게 예쁜 인형을 줬다.

  2. They are [close friends / friends close].
     그들은 가까운 친구들이다.

  3. Mr. John is a [respectable teacher / teacher respectable].
     Mr. John은 훌륭한 선생님이다.

  4. I didn't like the [music noisy / noisy music].
     나는 그 시끄러운 음악을 좋아하지 않았다.

- 보기에서 알맞은 단어를 골라 빈칸에 넣으세요.

  > 보기   beautiful, cheap, difficult, expensive, heavy, interesting, light, poor, rude, sad, ugly, useful, wealthy

  1. a _____ exam 어려운 시험

  2. a _____ lady 아름다운 여인

  3. a _____ neighborhood 가난한 동네

  4. my _____ computer 나의 값싼 컴퓨터

  5. the _____ bag 그 가벼운 가방

  6. this _____ movie 이 슬픈 영화

  7. that _____ book 저 유용한 책

  8. his _____ behavior 그의 무례한 행동

■ 두 개의 보기 중에서 올바른 것을 고르세요.

1. He has a [library full of books / full of books library].
   그는 책들로 가득한 서재를 갖고 있다.

2. There is a [meal ready for you / ready for you meal].
   당신을 위해 준비된 식사가 있다.

3. This is a [book suitable for children / suitable for children book].
   이것은 아이들에게 적당한 책이다.

4. The [standing there girl / girl standing there] is my sister.
   저기에 서 있는 그 소녀는 내 여동생이다.

5. I learn about [foods good for health / good foods for health].
   나는 건강에 좋은 음식들에 대해 배운다.

■ 두 개의 보기 중에서 올바른 것을 고르세요.

1. [Someone smart / Smart someone] can do it.
   똑똑한 누군가가 이것을 할 수 있다.

2. I found [something wrong / wrong something].
   나는 무엇인가 잘못된 것을 발견했다.

3. Is there [anything special / special anything]?
   특별한 무언가가 있니?

4. Let's go to do [something new / new something].
   뭔가 새로운 것을 하러 가자.

5. Is there [anything tasty / tasty anything] in the kitchen?
   부엌에 뭔가 맛있는 것이 있니?

Point 25
원, 투, 쓰리, 포, ...

 개수를 세는 기수

대표적인 형용사로서, 명사의 개수를 셀 때의 수가 있습니다. 이를 기수라고 하며, 순서와 차례를 나타내는 서수와 구별합니다.

1	one	11	eleven	21	twenty one
2	two	12	twelve	22	twenty two
3	three	13	thirteen	30	thirty
4	four	14	fourteen	40	forty
5	five	15	fifteen	50	fifty
6	six	16	sixteen	60	sixty
7	seven	17	seventeen	70	seventy
8	eight	18	eighteen	80	eighty
9	nine	19	nineteen	90	ninety
10	ten	20	twenty	100	one hundred
1,000	thousand	100만	million	10억	billion

- I am twenty four years old. 나는 24살이다.

- Three hundred people were injured.
  300명의 사람들이 부상을 입었다.

- The total number is two thousand seven hundred sixteen.
  총 수는 2,716이다.

수백, 수천, 수백만은 〈단위s + of ~〉로 표현합니다.
- Hundreds of people are present. 수백 명의 사람들이 참석했다.
- You can see millions of stars.
  너는 수백만 개의 별들을 볼 수 있다.

Point 26
퍼스트, 세컨드, 서드, ...

 순서와 차례를 나타내는 서수

순서와 차례를 나타내는 서수는 기수에 -th를 붙이는 것이 기본적이지만, 1~3번째처럼 예외도 있습니다.

1번째	first	11번째	eleventh
2번째	second	12번째	twelfth
3번째	third	13번째	thirteenth
4번째	fourth	14번째	fourteenth
5번째	fifth	15번째	fifteenth
6번째	sixth	16번째	sixteenth
7번째	seventh	17번째	seventeenth
8번째	eighth	18번째	eighteenth
9번째	ninth	19번째	nineteenth
10번째	tenth	20번째	twentieth

- **Look at the first picture.** 첫 번째 그림을 봐라.
- **This is the second question.** 이것이 두 번째 질문이다.
- **The thirteenth boy in the first row is Jim.**
  첫째 줄의 13번째 소년은 Jim이다.

분수는 분자(기수)가 먼저 오고 분모(서수)가 나중에 옵니다. 분자가 2 이상일 때, 분모에 -s를 붙입니다.

```
1/3 = one[a] third        2/3 = two thirds
3/4 = three fourths 혹은 three quarters  (1/4 = a quarter)
1/20 = one twentieth      1/2 = one[a] half
```

· Two thirds of them are women. 그들의 3분의 2는 여자들이다.

연습문제 13

- **두 개의 보기 중에서 우리말에 맞는 영어 표현을 고르세요.**

    1. 그녀는 12살이다.
       She is [twelve / twenty] years old.

    2. 나는 개를 30마리 갖고 있다.
       I have [thirteen / thirty] dogs.

    3. 그 모임은 9명으로 구성되어 있다.
       The group consists of [nine / ninety] of people.

    4. 그 바지는 15,000원이다.
       The pants cost [fifteen thousand / fifty thousand] won.

    5. 그 가수는 수백 명의 팬들이 있다.
       The singer has [hundred / hundreds] of fans.

- **우리말과 같은 뜻이 되도록 빈칸에 알맞은 수를 영어로 쓰세요.**

    1. 그 컴퓨터는 30만 원입니다.
       The computer is _____ won.

    2. 그 마을의 인구는 7,000명 이하입니다.
       The population of the town is less than _____.

    3. 그는 매년 수백만 달러를 번다.
       He earns _____ dollars every year.

    4. 그 주차장에는 약 백 대의 차가 있다.
       In the parking lot there are about _____ cars.

    5. 이 회사는 2004년에 설립되었다.
       This company was founded in _____.

- 우리말과 같은 뜻이 되도록 빈칸에 알맞은 서수를 영어로 쓰세요.

1. 나는 그 대회에서 1등을 했다.
   I won _____ prize in the competition.

2. 스테이크는 내가 두 번째로 좋아하는 음식이다.
   Steak is my _____ favorite food.

3. Turner 씨는 3층에 산다.
   Mr. Turner lives on the _____ floor.

4. 어떤 건물은 4층이 없다.
   Some buildings don't have the _____ floor.

5. 12월은 한 해의 열두 번째 달이다.
   December is the _____ month of the year.

- 우리말과 같은 뜻이 되도록 빈칸에 알맞은 분수를 영어로 쓰세요.

1. 내 친구의 3분의 1은 여자 아이들이다.
   _____ of my friends are girls.

2. 그들 중 3분의 2는 아이들이다.
   _____ of them are children.

3. 우리 주변 공기의 5분의 1은 산소다.
   _____ of the air around us is oxygen.

4. 고래는 매일 1.5톤의 음식을 먹는다.
   A whale eats one and _____ ton of food a day.

5. 1달러의 4분의 1은 25센트다.
   _____ of a dollar is 25 cents.

some 좀 줄게, any는 주지 마!

some과 any 구별하여 쓰기

수량형용사 some과 any는 대표적인 명사 수식 형용사입니다. 둘 다 '일부', '약간의', '몇몇의'로 해석되지만 다음 차이를 주목해야 합니다. some은 긍정문에서, any는 의문문, 조건문, 부정문에서 쓰입니다.

- **There are some books on the desk.** (긍정문)
  책상 위에 몇 권의 책이 있다.
- **There is some water in the bottle.** (긍정문)
  그 병에는 약간의 물이 있다.
- **Is there any sugar?** (의문문)
  설탕 좀 있습니까?
- **If there is any sugar, lend me some.** (조건문)
  설탕 좀 있으면, 내게 조금 빌려줘.
- **I don't have any sugar.** (부정문)
  나는 설탕이 조금도 없다.

som과 any의 예외

some이 의문문에 사용될 때도 있는데, 긍정의 대답을 예상한 권유문일 때입니다. 한편, any도 긍정문에 사용될 때가 있는데, 이때는 '어느 ~라도'라는 뜻입니다.

- **Will you have some cookies?**
  쿠키 좀 드시겠습니까?
- **Would you like some coffee?**
  커피 좀 드시겠습니까?
- **Any boy can do it.**
  어떤 소년이라도 그것을 할 수 있다.

Point 28
행복해 보여? look happy? happily?

형용사의 서술적 용법

형용사는 명사를 꾸며주는 역할만 하는 것이 아닙니다. be와 같은 동사(상태), become과 같은 동사(변화), look과 같은 동사(감각) 다음에 잘 옵니다.

- **She is happy.** 그녀는 행복하다.
- **She became happy.** 그녀는 행복하게 됐다.
- **She looks happy.** 그녀는 행복하게 보인다.

위 세 예문에서 형용사 happy는 주어 She를 설명해줍니다. 이를 주어를 보충해주는 보어, 주격보어라고 합니다. 이렇게 보어로서의 형용사를 서술적 용법이라고 합니다.

감각동사 뒤에는 반드시 형용사가!

주격보어로서의 형용사를 동반하는 동사들 중, feel(느껴지다), look(보이다), smell(냄새가 나다), sound(들리다), taste(맛이 나다)를 감각동사라 합니다. 우리말로 '~하게'라고 해석된다고 해서, 이 감각동사 다음에 형용사 대신 부사를 사용하면 절대 안 됩니다.

- **A baby's skin feels soft.** (softly X)
  아기의 피부는 부드러운 느낌이 난다.
- **The rose smells sweet.** (sweetly X)
  그 장미는 향긋한 냄새가 난다.
- **Her voice sounded warm.** (warmly X)
  그녀의 목소리는 따스하게 들렸다.

연습문제 14

■ 우리말과 같은 뜻이 되도록 빈칸에 some이나 any 중 하나를 쓰세요.

1. 그녀는 몇 송이의 꽃을 샀다.
   She bought _____ flowers.

2. 나는 돈이 조금도 없다.
   I don't have _____ money.

3. 질문 있으신가요?
   Do you have _____ questions?

4. 네가 치즈를 조금 원한다면, 내게 조금 사라.
   If you want _____ cheese, buy some from me.

5. 녹차 좀 드시겠습니까?
   Would you like _____ green tea?

■ 두 개의 보기 중에서 올바른 것을 고르세요.

1. I chose [some / any] clothes for the party.
   나는 그 파티를 위해 몇 벌의 옷을 골랐다.

2. I don't have [some / any] friends here.
   나는 여기에 친구가 전혀 없다.

3. There are some [chid / children] in the park.
   공원에 몇몇의 아이들이 있다.

4. Do you want [some / any] more coffee?
   커피 좀 더 마실래?

5. Choose [some / any] number you like.
   네가 좋아하는 어떤 숫자라도 선택하라.

- 빈칸에 들어갈 형용사를 보기에서 골라 쓰세요.

  > 보기   asleep   correct   essential   hungry   strange   true

  1. 그의 대답은 옳다.
     His answer is _____.

  2. 내 꿈이 이뤄졌다.
     My dream came _____.

  3. 그녀는 배고파 보였다.
     She looked _____.

  4. 그 소년은 잠들었다.
     The boy fell _____.

  5. 물은 우리의 몸에 필수적이다.
     Water is _____ to our bodies.

  6. 네 목소리는 이상하게 들린다.
     Your voice sounds _____.

- 두 개의 보기 중에서 올바른 것을 고르세요.

  1. Your shoes look [great / greatly].
     네 신발은 멋져 보인다.

  2. What he said proved [true / truly].
     그의 말은 사실임이 증명됐다.

  3. He [seemed / saw] tired.
     그는 피곤해 보였다.

Point 29
made me happy? happily?

목적보어 자리에는 형용사!

동사 consider, find, leave, make, think는 그다음에 〈목적어 + 형용사〉가 잘 뒤따릅니다. 이때의 형용사를 목적어를 보충한다고 해서 목적보어라 합니다.

- I <u>consider</u> time very important.
  나는 시간이 매우 중요하다고 생각한다.

- They <u>found</u> him dead.
  그들은 그가 죽은 것을 발견했다.

- Don't <u>leave</u> the door open.
  그 문을 열어둔 채 남겨두지 마라.

- She <u>made</u> me sad.
  그녀는 나를 슬프게 만들었다.

- We <u>think</u> it impossible to go there.
  우리는 거기 가는 것이 불가능하다고 생각한다.

우리말로 '~하게'라고 해석될지라도 목적보어 자리에는 형용사 대신 부사가 올 수 없습니다.

- His smile makes me happily. (X)
  His smile makes me <u>happy</u>. (O)
  그의 미소는 나를 행복하게 한다.

아항~! 그렇구낭

레알(real)이 아니라 뤼얼리(really)?

 ### 형용사 + -ly = 부사

부사는 대부분 형용사에 -ly를 붙여 만듭니다. 형용사 real의 부사는 really인 것처럼 말입니다. 하지만, 철자에 약간의 변화가 더해지는 경우가 있으니 유의해야 합니다.

easy (쉬운)	+ -ly	= easily (쉽게)
gentle (부드러운)	+ -ly	= gently (부드럽게)
true (참된)	+ -ly	= truly (참되게)
full (가득 찬)	+ -ly	= fully (가득 차게)
careful (주의 깊은)	+ -ly	= carefully (주의 깊게)

- I am really sorry. 정말 미안해.
- He forgets easily. 그는 쉽게 잊어버린다.
- The wind blows gently. 바람이 부드럽게 분다.
- Listen to me carefully. 내 말을 주의 깊게 들어라.

 ### -ly로 끝나지 않는 부사

그런데, fast(빠른/빨리)처럼 형용사와 형태가 동일하거나, here(여기에)처럼 -ly로 끝나지 않은 부사도 있습니다.

- He is a fast runner. (형용사: 명사 runner 수식)
  그는 빠른 달리기 선수다.
- He runs fast. (부사: 동사 runs 수식)
  그는 빨리 달린다.
- I met her here yesterday. (here: 장소부사, yesterday: 시간부사)
  나는 어제 여기에서 그녀를 만났다.

연습문제 15

- 빈칸에 들어갈 형용사를 보기에서 골라 쓰세요.

  > 보기 alone   empty   incorrect   necessary   surprised

  1. I considered his answer _____.
     나는 그의 대답이 정확하지 않다고 생각했다.

  2. I found the box _____.
     나는 그 상자가 빈 것을 발견했다.

  3. I will not leave you _____.
     나는 너를 혼자 내버려두지 않을 것이다.

  4. The news made many people _____.
     그 소식은 많은 사람들을 놀라게 만들었다.

  5. I think it _____ that you come back.
     나는 네가 돌아오는 것이 필요하다고 생각한다.

- 두 개의 보기 중에서 올바른 것을 고르세요.

  1. I think studying very [important / importantly].

  2. It makes everything [clear / clearly].

  3. Machines make us [comfortable / comfortably].

  4. We consider the man [honest / honestly].

  5. You must [become / keep] it safe.

- 다음 형용사의 부사 형태를 쓰세요.

    1. usual 보통의 — _____ 보통
    2. busy 바쁜 — _____ 바쁘게
    3. beautiful 아름다운 — _____ 아름답게
    4. sudden 갑작스러운 — _____ 갑자기
    5. slow 느린 — _____ 느리게
    6. pretty 예쁜 — _____ 예쁘게
    7. fortunate 운 좋은 — _____ 다행히도

- 다음 문장에서 부사를 찾아 밑줄을 긋고 그 뜻을 적으세요.

    1. I went there with my father. (   )
    2. I don't know him well. (   )
    3. I started learning Chinese recently. (   )
    4. You should get up early. (   )
    5. My mother always loves me. (   )
    6. Unfortunately, I lost all my money. (   )
    7. We are having dinner together. (   )
    8. This is an extremely useful machine. (   )

동사·형용사를 돋보이게

 부사가 수식하는 것 1: 동사

부사의 역할 중 하나는 동사를 꾸며주는 것입니다. 부사는 자동사(목적어가 없는 동사)의 뒤에, 타동사(목적어가 있는 동사)의 목적어 뒤에 오는 경우가 일반적입니다. 그러나 동사와 목적어 앞에 올 때도 가끔 있습니다.

- Tom <u>walked</u> carefully. Tom은 조심스럽게 걸었다.
- Sara <u>slept</u> well. Sara는 잘 잤다.
- They <u>speak</u> quietly. 그들은 조용하게 말한다.
- She <u>plays the piano</u> well. 그녀는 바이올린을 잘 연주한다.
- He can <u>speak English</u> fluently.
  그는 영어를 유창하게 말할 수 있다.
- Mom <u>read the story</u> slowly.
- = Mom slowly <u>read the story</u>.
  엄마는 내게 그 이야기를 천천히 읽어줬다.

 부사가 수식하는 것 2: 형용사

부사가 형용사를 꾸며줄 때는 형용사 앞에 오는 것이 원칙입니다.

- That is a very <u>tall</u> building.
  저것은 매우 높은 건물이다.
- She is amazingly <u>beautiful</u>.
  그녀는 굉장하게 아름답다.
- He was fairly <u>late</u>.
  그는 꽤 늦었다.

다른 부사·문장을 돋보이게

부사가 수식하는 것 3: 다른 부사

부사는 다른 부사를 꾸미기도 합니다. 이때 그 다른 부사의 앞에 위치하는 것이 당연합니다.

- He jumped **very** **high**. 그는 매우 높이 뛰었다.
- Thank you **so** **much**. 정말 많이 감사합니다.
- He **almost** **always** wins. 그가 거의 항상 이긴다.

부사가 수식하는 것 4: 문장 전체

부사는 문장 전체도 수식할 수 있습니다. 주로 문장의 맨 앞에 오지만, 아닌 경우도 가능합니다.

- **Fortunately**, **I found the key**.
  = **I found the key**, **fortunately**.
  = **I**, **fortunately**, **found the key**.
  다행스럽게도, 나는 그 열쇠를 찾았다.

문장 전체를 꾸며주는 부사의 경우, 콤마(,)로 문장과 분리하는 경우가 많은데, 혼동의 여지를 없애기 위함입니다.

· Happily, he did not die. (문장 전체 수식)
  다행히도, 그는 죽지 않았다.
  He did not die happily. (동사 die 수식)
  그는 행복하게 죽지 못했다.

· Surprisingly, she was calm. (문장 전체 수식)
  놀랍게도, 그녀는 침착했다.
  She was surprisingly calm. (형용사 calm 수식)
  그녀는 놀라울 정도로 침착했다.

연습문제 16

- 두 개의 보기 중에서 올바른 것을 고르세요.

    1. He is [hard working / working hard].
       그는 열심히 일하고 있다.

    2. I finished [the work quickly / quickly the work].
       나는 그 일을 빨리 끝냈다.

    3. You must [go immediately / immediately go].
       너는 즉시 가야 한다.

    4. He knows [the answer clearly / clearly the answer].
       그는 그 대답을 명확히 알고 있다.

    5. I'm [terribly sorry / sorry terribly].
       정말 죄송합니다.

- 우리말과 같은 뜻이 되도록 괄호 안의 단어들을 알맞게 배열하세요.

    1. 그는 늦게 왔다. (late, he, came)
       _____.

    2. 그녀는 친절하게 나를 도왔다. (helped, me, she, kindly)
       _____.

    3. 10년은 정말 긴 시간이다. (time, is, long, a, really, ten years)
       _____.

    4. 아빠는 내 생일을 완전히 잊고 있었다. (dad, forgot, my, completely, birthday)
       _____.

■ 두 개의 보기 중에서 올바른 것을 고르세요.

1. The actress smiles [very beautifully / beautifully very].
   그 여배우는 매우 아름답게 웃는다.

2. She worked [hard so / so hard] that she became rich.
   그녀는 정말 열심히 일해서 부자가 됐다.

3. He [almost always / always almost] falls asleep with the television on.
   그는 거의 항상 TV를 켜둔 채 잠든다.

4. [Certain / Certainly], he loves you.
   분명히, 그는 너를 사랑한다.

5. Koreans [general / generally] use chopsticks.
   한국인들은 보통 젓가락을 이용한다.

■ 다음 문장을 우리말로 옮기세요.

1. Unfortunately, he lost his job.
   _____

2. She will call you soon, probably.
   _____

3. Surprisingly, it was sweet.
   _____

4. I said goodbye to my friend, sadly.
   _____

Point 33
'언제'냐고 물으면 시간부사로

 시간부사의 예

부사는 의미에 따라 종류별로 공부하면 좋은데, 먼저 시간부사를 소개합니다. now(지금), then(그때, 그다음에), once(옛날에), ago(전에), later(뒤에), already(이미), still(여전히), soon(곧), today(오늘), yesterday(어제) 등이 대표적입니다.

- **Now** let's do it again. 이제 그것을 다시 해보자.
- I was nine years old **then**. 그때 나는 9살이었다.
- The soldier **then** shot the horse.
  그 군인은 그다음에 그 말을 총으로 쐈다.
- **Once** there lived a princess.
  옛날에 한 공주님이 살았다.
- He left there 3 days **ago**. 그는 3일 전에 그곳을 떠났다.
- The man died a year **later**.
  그 남자는 1년 뒤에 죽었다.
- They have **already** left for Japan.
  그들은 이미 일본으로 떠났다.
- We **still** need him. 우리는 여전히 그가 필요하다.
- He seems to be leaving **soon**.
  그는 곧 떠날 것처럼 보인다.
- I will not meet him **today**.
  나는 오늘 그를 만나지 않을 것이다.
- She was ill **yesterday**. 그녀는 어제 아팠다.

Point 34
'어디'냐고 물으면 장소부사로

장소부사의 예

장소와 관련된 부사도 매우 중요합니다. here(여기), there(저기), up(위로), down(아래로), far(멀리), near(가까이), away(떨어져), forward(앞으로), backward(뒤로), back(거꾸로), upstairs(위층에), abroad(해외에) 등이 대표적입니다.

- **Put your bag here.** 당신 가방을 여기에 두시오.
- **He threw the ball there.** 그는 그 공을 거기로 던졌다.
- **The price goes up.** 가격이 위로 올라간다.
- **A rock fell down.** 돌 하나가 아래로 떨어졌다.
- **The child couldn't go far.** 그 아이는 멀리 갈 수 없었다.
- **The day is drawing near.** 그날이 가까이 오고 있다.
- **Keep away from the fire.** 불에서 떨어져라.
- **They moved forward.** 그들은 앞쪽으로 이동했다.
- **Don't talk back.** 말대꾸하지 마라.
- **The baby was crying upstairs.**
  그 아기는 위층에서 울고 있었다.
- **We traveled abroad last year.**
  우리는 작년에 해외로 여행을 갔다.

연습문제 17

■ 우리말과 같은 뜻이 되도록 빈칸을 채우세요.

1. 그는 지금 화장실에 있다.
   He's in the rest room _____.

2. 너는 왜 그때 그것을 말하지 않았니?
   Why didn't you say that _____?

3. 그 여자는 5년 전에 결혼했다.
   The woman married 5 years _____.

4. 내가 나중에 전화할게.
   I will call you _____.

5. 나는 여전히 외롭다.
   I'm _____ lonely.

■ 두 개의 보기 중에서 올바른 것을 고르세요.

1. He lived in France [still / then].
   그는 그때 프랑스에 살았다.

2. Clean your room right [now / soon].
   네 방을 당장 지금 청소해라.

3. They were [already / once] ready for the trip.
   그들은 이미 여행 갈 준비가 되어 있었다.

4. I lost my bag [yesterday / tomorrow].
   나는 어제 나의 가방을 잃어버렸다.

5. She will recover [later / soon].
   그녀는 곧 회복할 것이다.

■ 우리말과 같은 뜻이 되도록 빈칸을 채우세요.

1. 저기로 어떻게 갈 수 있지요?
   How can I go _____?

2. 나뭇잎이 나무로부터 아래로 떨어지고 있다.
   The leaves are falling _____ from the tree.

3. 그는 작별을 고하고 걸어가버렸다.
   He said goodbye and walked _____.

4. 당신의 자동차를 뒤로 움직여주세요.
   Please move your car _____.

5. 나는 해외에서 공부하고 싶다.
   I want to study _____.

■ 두 개의 보기 중에서 올바른 것을 고르세요.

1. The school is [far / near] from his home.
   학교는 그의 집에서부터 멀리 있다.

2. The man went [downstairs / upstairs].
   그 남자는 아래층으로 갔다.

3. He pushed the door [backward / forward].
   그는 문을 앞으로 밀었다.

4. The elevator was going [near / up].
   엘리베이터는 위로 가고 있었다.

5. I want you to stay [here / there] longer.
   나는 네가 여기 더 오래 머무르길 바란다.

Point 35
'얼마나 자주'냐고 물으면 빈도부사로

 언제 어떤 빈도부사를 쓸까?

사건이 얼마나 자주 일어나는지 말해주는 부사를 한데 묶어 빈도부사라 합니다. 다음 표에서 위에서 아래로 내려갈수록 낮은 빈도입니다.

항상	always	100%
보통	usually	
자주	often	
가끔	sometimes	
거의 ~ 않다	hardly, seldom, rarely	↓
절대 ~ 않다	never	0%

- **Amy is always busy.**
  Amy는 항상 바쁘다.

- **We usually have dinner at 7.**
  우리는 보통 7시에 저녁식사를 한다.

- **I often visit my old teacher.**
  나는 종종 옛 선생님을 방문한다.

- **Rosa sometimes goes home by train.**
  Rosa는 가끔 기차를 타고 집에 간다.

- **The patient can hardly walk.**
  그 환자는 거의 걸을 수 없다.

- **You never listened to me.**
  너는 내 말을 절대 듣지 않았어.

위 예문들에서 보다시피, 빈도부사는 보통 주어와 일반동사 사이, 혹은 be동사나 조동사 뒤에 옵니다.

Point 36 — '확실히'에서 '어쩌면'까지

언제 어떤 추측부사를 쓸까?

발생한 사건에 대한 믿음이나 발생할 사건의 가능성에 대해 얘기할 때, 다양한 추측부사를 넣어 표현할 수 있습니다.

(가능성이 매우 높은) 확실히	certainly, surely
(가능성이 높은) 아마	probably
(가능성이 있는) 아마	possibly
(가능성이 낮은) 아마, 어쩌면	maybe, perhaps

↓

- **She is ill.** 그녀는 아프다. (사실)
- **She is certainly ill.** 그녀는 확실히 아프다.
- **She is probably ill.** 그녀는 아마 아플 것이다.
- **She is possibly ill.** 그녀는 아마 아플 것이다.
- **She is maybe ill.** 그녀는 어쩌면 아플지도 모른다.

추측부사의 위치

위의 예처럼, 보통 일반동사 앞, be동사나 조동사 뒤에 위치하지만, 맨 앞이나 뒤에 위치할 수도 있습니다.

- **Someone knows it, surely.** 누군가 그것을 알고 있을 것이다, 분명히.
- **It will probably be all right.** 아마 괜찮을 것이다.
- **Could you possibly open that window?**
  가능하시다면 저 창문 좀 열어주시겠습니까?
- **Perhaps she is the thief.** (주로 문어체)
  = **Maybe she is the thief.** (주로 구어체)
  어쩌면 그녀가 도둑일지 모른다.

연습문제 18

- 우리말과 같은 뜻이 되도록 빈칸에 적절한 빈도부사를 쓰세요.

  1. 나는 밤이면 항상 피곤함을 느낀다.
     I _____ feel tired at night.

  2. Sally는 보통 주말마다 교회에 간다.
     Sally _____ goes to church every weekend.

  3. 사람들은 자주 나를 친절하다고 말한다.
     People _____ call me kind.

  4. 가끔 우리는 휴식을 가질 필요가 있다.
     _____ we need to take a rest.

  5. 그녀는 나쁜 말을 거의 하지 않는다.
     She _____ says bad words.

- 두 개의 보기 중에서 올바른 것을 고르세요.

  1. They [always act / act always] like children.
     그들은 항상 아이처럼 행동한다.

  2. You [must often / often must] brush your teeth.
     너는 자주 이빨을 닦아야 한다.

  3. I miss my [sometimes grandparents / grandparents sometimes].
     나는 가끔 할아버지 할머니가 그립다.

  4. He [goes seldom / seldom goes] to a pub.
     그는 술집에 거의 가지 않는다.

  5. The books of childhood [are never / never are] forgotten.
     어린 시절의 그 책들은 결코 잊히지 않는다.

- 우리말과 같은 뜻이 되도록 빈칸에 적절한 추측부사를 쓰세요.

    1. 이것은 확실히 흥미로운 영화다.
       This is _____ an interesting movie.

    2. 어쩌면 무언가 먹을 것이 있을지도 모른다.
       _____, there is something to eat.

    3. 그는 아마 돌아오지 않을 것이다.
       He would _____ not come back. (p로 시작)

- 두 개의 보기 중에서 올바른 것을 고르세요.

    1. He [probable / probably] likes you.
       그가 너를 좋아하는 것 같다.

    2. She left home, [sure / surely].
       그녀는 확실히 집을 떠났다.

    3. They [possibly could / could possibly] win the game.
       그들은 그 경기에서 승리할 수 있다.

    4. [Certain / Certainly] I am not good at math.
       확실히 나는 수학을 잘 못한다.

    5. She could [possible / possibly] finish the work without me.
       그녀는 내가 없어도 이 일을 끝낼 수 있을 것이다.

Point 37
'완전히'에서 '조금'까지

 정도부사의 예

동사, 형용사, 부사 앞에 오면서 정도를 표현해주는 부사가 있습니다. perfectly(완벽히), completely(완전히), extremely(극도로), terribly(몹시), nearly(거의), largely(대체로), quite(꽤), fairly(꽤), rather(다소), a little(조금), a bit(조금) 등이 대표적입니다.

- It is perfectly normal. 그것은 완벽히 정상이다.
- The box is completely empty.
  그 상자는 완전히 비어 있다.
- We are extremely busy. 우리는 극도로 바쁘다.
- I'm terribly hungry. 나는 몹시 배고프다.
- The bottle's nearly empty. 그 병은 거의 비어 있다.
- What he says is largely false.
  그가 말하는 것은 대체로 거짓이다.
- The story is quite interesting. 그 이야기는 꽤 흥미롭다.
- She goes shopping fairly regularly.
  그녀는 꽤 정기적으로 쇼핑을 하러 간다.
- The test was rather difficult. 그 시험은 다소 어려웠다.
- It's a little small for me. 그것은 나에게 조금 작다.
- The food was a bit salty. 그 음식은 조금 짰다.

 Point 38
기차놀이하는 부사

접속부사의 예

앞 문장과의 내용상 연속성 때문에 뒤 문장에 넣는 부사가 있습니다. 뒤 문장의 주로 맨 앞에 위치하는 이 부사를 접속부사 혹은 연결사라 합니다.

(1) however: 그러나 (앞 문장과 뒷 문장이 반대 내용일 때)

- **The game was exciting. However, I couldn't enjoy it.**
  그 경기는 흥미진진했다. 그러나, 나는 그것을 즐길 수 없었다.

(2) besides: 게다가 (추가되는 내용을 소개할 때)

- **I want to go out. Besides, it is sunny.**
  나는 나가고 싶다. 게다가, 날이 맑다.

(3) similarly: 비슷하게 (비슷한 내용을 소개할 때)

- **He is good at swimming. Similarly, his brother is good at running.** 그는 수영에 능하다. 비슷하게, 그의 형은 달리기를 잘한다.

(4) therefore: 따라서 (앞 문장에 따른 결과를 얘기할 때)

- **The girl is pretty. Therefore, she is popular among boys.**
  그 소녀는 예쁘다. 그래서 그녀는 남자 아이들 사이에서 인기가 많다.

(5) instead: 그 대신에 (앞 문장에서 부정한 것을 바로잡을 때)

- **He didn't run away. Instead, he fought.**
  그는 달아나지 않았다. 그 대신에 그는 싸웠다.

(6) finally: 마침내 (사건의 최종적 상황을 얘기할 때)

- **He tried again and again. Finally, he passed the exam.**
  그는 계속 시도했다. 마침내, 그는 시험에 통과했다.

연습문제 19

■ 다음 영어 문장이 우리말과 같도록 빈칸을 채우세요.

1. Today my schedule is completely full.
   오늘 나의 일정은 _____ 차 있다.

2. He has terribly bad habits.
   그는 _____ 나쁜 버릇들을 가지고 있다.

3. My grandfather is nearly 100 years old.
   나의 할아버지는 _____ 100세다.

4. Jenny is angry largely due to her brother.
   Jenny가 화를 내는 것은 _____ 그녀의 동생 때문이다.

5. The boy looks a little young for his age.
   그 소년은 나이에 비해 _____ 어려 보인다.

■ 두 개의 보기 중에서 올바른 것을 고르세요.

1. The scarf [perfect / perfectly] suits me.
   그 스카프는 완벽하게 나에게 맞다.

2. He looks [extreme / extremely] exhausted.
   그는 매우 지쳐 보인다.

3. This math question is [quite simple / simple quite].
   이 수학 문제는 꽤 단순해 보인다.

4. Her bag was [heavy rather / rather heavy].
   그녀의 가방은 다소 무거웠다.

5. The book was [bit / a bit] difficult to read.
   그 책은 읽기에 조금 어려웠다.

■ 우리말과 같은 뜻이 되도록 빈칸을 채우세요.

1. 그녀는 그 콘서트에 가고 싶었다. 그러나 그녀는 시간이 없었다.
   She wanted to go to the concert. _____, she didn't have time.

2. 그 새 컴퓨터는 빠르다. 게다가, 그것은 얇다.
   The new computer is fast. _____, it is slim.

3. 일본인들은 해산물을 좋아한다. 비슷하게, 한국인들은 해산물을 많이 먹는다.
   The Japanese like seafood. _____, Koreans eat a lot of seafood.

4. 이것은 충분치 않다. 따라서 우리는 또 다른 계획이 필요하다.
   This is not enough. _____, we need another plan.

5. 나는 그 책을 사지 않았다. 대신에 나는 그것을 빌렸다.
   I didn't buy the book. _____, I borrowed it.

6. 나는 그 일을 끝냈다. 마침내 나는 잠들 수 있었다.
   I finished the work. _____, I was able to sleep.

■ 두 개의 보기 중에서 올바른 것을 고르세요.

1. Harry has few friends. [However / Therefore], he always plays alone.

2. My husband is tall. [Besides / Instead], he is gentle.

3. He saved money for ages. [Finally / Similarly], he bought his own house.

Point 39
-ly 때문에 뜻이 완전 달라요!

hardly는 '열심히'가 아니다!

부사는 보통 형용사에 -ly를 붙여 만든다고 했습니다. 그런데, -ly가 없을 때도 부사, -ly가 붙으면 또 다른 뜻의 부사가 되는 그런 단어들이 있습니다. hard처럼 말이지요.

- **He is a hard worker.** (형용사)
  그는 열심히 일하는 일꾼이다.
- **He studies hard.** (부사)
  그는 열심히 공부한다.
- **He hardly studies at night.** (부사)
  그는 밤에는 거의 공부하지 않는다.

〈형용사 + -ly〉가 다른 뜻의 부사가 되는 예

대표적인 단어들을 정리하면 다음과 같습니다.

near	가까운 / 가까이	nearly	거의
late	늦은 / 늦게	lately	최근에
most	대부분의 / 가장	mostly	주로
high	높은 / 높이	highly	매우
short	짧은 / 짧게	shortly	곧

- **She came late at night.** 그녀는 밤에 늦게 왔다.
  She's unhappy lately. 그녀는 최근에 불행하다.
- **I want to cut it short.** 나는 그것을 짧게 자르고 싶다.
  He will be back shortly. 그는 곧 돌아올 것이다.

Point 40
most와 almost는 달라요!

most와 almost 구분하기

뜻도 철자도 비슷하기 때문에 most와 almost를 헷갈리는 경우가 많습니다. 둘 다 매우 기본적인 단어이므로 정확히 구별해 사용해야 합니다.

▶ most
(1) 형용사: 대부분의

- **Most** people dislike math. 대부분의 사람들은 수학을 싫어한다.

(2) 대명사: 대부분

- **Most** of the books are interesting. 그 책들의 대부분은 흥미롭다.

(3) 최상급: 가장

- I like tennis **most**. 나는 테니스를 가장 좋아한다.
- Health is the **most** important thing. 건강이 가장 중요한 것이다.

(4) many / much의 최상급: 가장 많은

- This is the **most** I can do. 이것이 내가 할 수 있는 최대한이다.

▶ almost 부사: 거의

- He plays tennis **almost** every day. 그는 거의 매일 테니스를 친다.
- It's **almost** impossible to meet her. (형용사 수식)
  그녀를 만나는 것은 거의 불가능하다.
- I **almost** fell off my chair. (동사 수식)
  나는 의자에서 거의 떨어질 뻔했다.

연습문제 20

- 밑줄 친 단어의 품사와 뜻을 각각 적으세요.

    1. ① It is a <u>hard</u> problem to solve. (　　　　　)

       ② She exercises <u>hard</u>. (　　　　　)

       ③ I can <u>hardly</u> sleep today. (　　　　　)

    2. ① They live <u>near</u>. (　　　　　)

       ② It took <u>nearly</u> an hour to home. (　　　　　)

    3. ① <u>Most</u> girls like pink color. (　　　　　)

       ② They will <u>mostly</u> be used at night. (　　　　　)

    4. ① The bird flies <u>high</u>. (　　　　　)

       ② He was a <u>highly</u> unusual student. (　　　　　)

    5. ① I don't want to be <u>late</u> for work. (　　　　　)

       ② I've been sleeping a lot <u>lately</u>. (　　　　　)

    6. ① Please make your speech <u>short</u>. (　　　　　)

       ② I will bring your food <u>shortly</u>. (　　　　　)

- 두 개의 보기 중에서 올바른 것을 고르세요.

    1. We are so busy that we [hard / hardly] have time to talk.
       우리는 너무 바빠서 이야기를 나눌 시간이 거의 없다.

    2. Because it was cold, I [near / nearly] caught a cold.
       추웠기 때문에 나는 거의 감기에 걸릴 뻔했다.

    3. We think very [high / highly] of your work.
       우리는 당신의 작품을 매우 높이 평가하고 있다.

■ 우리말과 같은 뜻이 되도록 빈칸을 채우세요.

1. 나는 내 돈의 대부분을 잃었다.
   I lost _____ of my money.

2. 그녀는 한국에서 가장 유명한 가수이다.
   She is the _____ popular singer in Korea.

3. 대부분의 사람들은 소풍으로 공원에 간다.
   _____ people go to parks for a picnic.

4. 나는 그를 거의 매 주말마다 만난다.
   I met him _____ every weekend.

5. 잠시만 기다려. 나 거기에 거의 다 왔어.
   Wait a second. I am _____ there.

■ 두 개의 보기 중에서 올바른 것을 고르세요.

1. I watched TV [almost / most] of the day.
   나는 그날 대부분 TV를 시청했다.

2. He [almost / most] finished the work.
   그는 그 일을 거의 끝냈다.

3. This is the [almost / most] interesting of all his paintings.
   이것은 그의 모든 그림들 가운데 가장 흥미로운 것이다.

4. [Almost / Most] everyone has a cellular phone.
   거의 모든 사람이 핸드폰을 가지고 있다.

5. [Almost / Most] TV dramas have happy endings.
   대부분의 TV 드라마들은 결말이 행복하다.

몬무룩...

so와 such는 달라요!

형용사나 부사를 강조하는 so

팝송으로도 You are so beautiful.이란 가사를 들어보신 적 있을 겁니다. 우리말로 바꿔보면 '당신은 정말 아름다워요.'입니다. 여기서 so는 beautiful 같은 형용사나 부사를 강조합니다. 그리고 결과를 의미하는 that절이 뒤따르는 경우도 많습니다.

- **He was so quick.**
  그는 매우 빨랐다.

- **He worked so hard.**
  그는 매우 열심히 일했다.

- **He was so quick that I couldn't follow him.**
  그는 매우 빨라서 나는 그를 따라갈 수 없었다.

- **He worked so hard that he got sick.**
  그는 매우 열심히 일해서 그는 병이 났다.

such + (a) + 형용사 + 명사

such는 so만큼 많이 쓰이지는 않지만, 우리말로 비슷하게 해석됩니다. 그러나 뒤에 형용사/부사 대신 〈such + (a) + 형용사 + 명사〉 구문을 이룬다는 차이가 있습니다. 역시 결과를 의미하는 that절이 잘 뒤따릅니다.

- **I never saw such a beautiful girl.**
  나는 그렇게 아름다운 소녀를 본 적이 없었다.

- **I will never again see such terrible movies.**
  나는 그렇게 끔찍한 영화들을 다시는 보지 않을 것이다.

- **It was such a cold day that I didn't go on a picnic.**
  너무 추운 날이었기에 나는 소풍을 가지 않았다.

충분히 enough vs. 너무 too

enough

enough는 형용사와 부사일 때의 모양이 똑같습니다. 명사를 꾸며주는 형용사(충분한)일 때와 달리, 부사(충분히)일 때는 형용사나 다른 부사를 뒤에서 꾸며줘야 한다는 특이점이 있습니다. enough 다음에는 to부정사(~할 만큼)가 잘 뒤따릅니다.

- **He has enough money.** (형용사)
  그는 충분한 돈을 가지고 있다.

- **He is rich enough.** (부사)
  그는 충분히 부자다.

- **He has enough money to buy this car.**
  그는 이 차를 살 만큼 충분한 돈을 가지고 있다.

- **He is rich enough to buy this car.**
  그는 이 차를 살 만큼 부자다.

too

too는 형용사나 다른 부사를 꾸며주는 부사로서 enough와 비슷해 보이지만 부정적인 뉘앙스를 가지고 있습니다. 역시 뒤에 to부정사가 주로 뒤따르는데, '...하기에는 너무 ~하다' 혹은 '너무 ~해서 ...할 수 없다'로 해석합니다.

- **He is too poor.** 그는 너무 가난하다.

- **He is too poor to buy this car.**
  그는 이 차를 사기에는 너무 가난하다. = 그는 너무 가난해서 이 차를 살 수 없다.

연습문제 21

■ 우리말과 같은 뜻이 되도록 빈칸에 so나 such 중 하나를 쓰세요.

1. 나는 오늘 정말 아픕니다.
   I am _____ sick today.

2. Jane은 정말 사랑스러운 소녀다.
   Jane is _____ a lovely girl.

3. 그 방은 정말 시끄러워서 나는 아무것도 들을 수 없었다.
   The room was _____ noisy that I couldn't hear anything.

4. 나는 그토록 시끄러운 여자아이들을 본 적이 없었다.
   I never saw _____ noisy girls.

5. 그는 너무 많이 먹어서 배가 아팠다.
   He ate _____ much that he had a stomachache.

■ 두 개의 보기 중에서 올바른 것을 고르세요.

1. The story was [so / such] sad.
   그 이야기는 너무 슬펐다.

2. I like [so / such] a long skirt.
   나는 매우 긴 스커트를 좋아한다.

3. I love you [so / very] much that I can't live without you.
   나는 당신을 매우 사랑해서 당신 없이는 살 수 없다.

4. She is such [a cute / cute a] baby that everyone loves her.
   그녀는 너무도 귀여운 아기여서 모든 사람이 그녀를 좋아한다.

■ 우리말과 같은 뜻이 되도록 빈칸에 enough나 too 중 하나를 쓰세요.

1. 그녀는 충분히 똑똑하다.
   She is smart _____.

2. 너의 점수는 네가 시험을 통과할 만큼 충분히 높다.
   Your score is high _____ for you to pass the exam.

3. 이것은 너무 비싸다.
   This is _____ expensive.

4. 그 음식은 너무 짜서 먹을 수 없다.
   The food is _____ salty to eat.

5. 너는 그것을 살 만큼 충분한 돈을 가지고 있니?
   Do you have _____ money to buy it?

■ 두 개의 보기 중에서 올바른 것을 고르세요.

1. This rope is [enough long / long enough].

2. She is [enough / too] talkative.

3. They have [enough food / food enough] to survive.

4. His room was [enough / too] dirty to enter.

5. He is not [enough strong / strong enough] to carry these packages.

Point 43
긍정문 too vs. 부정문 either

 ### 긍정문 + too

부사 too는 '너무'라는 뜻만 가지고 있는 것이 아니라 '~도 또한'이라는 의미로 문장 맨 뒤에 콤마(,)와 함께 오는 경우가 많습니다.

- A: I'm going home now. 나 이제 집에 갈 거야.
  B: I'll go, too. 나도 갈 거야.
- He is young, and clever too. 그는 젊고, 또한 똑똑하기도 하다.
- Can I come too? 나도 갈 수 있어?
- It is very slow. But it has its merits, too.
  그것은 매우 느리다. 그러나 그것은 그것의 장점도 가지고 있다.

 ### 부정문 + either

부사 either는 too처럼 '~도 또한'이라는 의미로 쓰이지만, too가 긍정문 다음에 쓰이는 반면, either는 부정문 다음에 쓰인다는 차이가 있습니다.

- A: I can't go. 나는 갈 수 없어.
  B: I can't, either. 나도 갈 수 없어.
- He is clever and is not proud either.
  그는 똑똑하고 거만하지도 않다.
- If you don't go, I will not either.
  네가 안 가면, 나도 안 갈 거야.
- I know a good restaurant. It's not far from here, either.
  나는 좋은 식당을 알고 있다. 거기는 여기서 멀지도 않다.

Point 44
what과 how 다음에

어순이 특이한 부사

「동사」편에서 이미 감탄문의 2가지를 다룬 바 있습니다. 〈What + a + 형 + 명 + 주어 + 동사!〉와 〈How + 형/부 + 주어 + 동사!〉 형태인데요. 이와 관련하여 그 어순(단어배열 순서)이 특이한 부사들을 다음처럼 나눠볼 수 있습니다.

(1) what, such, quite + a(n) + 형용사 + 명사

- **What a good boy Tom is!** Tom은 얼마나 훌륭한 소년인가!
- **Tom is such a good boy.** Tom은 정말 훌륭한 소년이다.
- **It's quite a strange story.** 그것은 아주 이상한 이야기다.

(2) how, so, too, as + 형용사 + a(n) + 명사

- **How good a boy Tom is!** Tom은 얼마나 훌륭한 소년인가!
- **Tom is so good a boy.** Tom은 정말 훌륭한 소년이다.
- **It's too strange a story.** 그것은 너무 이상한 이야기다.
- **She is not as good a swimmer as you are.**
  그녀는 당신과 같은 훌륭한 수영선수가 아닙니다.

연습문제 22

- 우리말과 같은 뜻이 되도록 빈칸에 too나 either 중 하나를 쓰세요.

    1. 나는 내 책을 가져올 것이다. 너도 네 책을 가져와라.
       I'll bring my books. Bring yours _____.

    2. 나는 네가 안 보고 싶다. ~ 나도 네가 그립지 않다.
       I don't want to see you. ~ I don't miss you _____.

    3. 그녀는 이곳을 떠났고, 나도 떠나고 싶다.
       She left here, and I want to leave here _____.

    4. 이것은 맛있고, 또 가격도 싸다.
       This is delicious, and cheap _____.

    5. 나도 너와 싸우고 싶지 않다.
       I don't want to argue with you, _____.

- 두 개의 보기 중에서 올바른 것을 고르세요.

    1. He forgot our appointment, and I forgot it, [too / either].
       그는 우리의 약속을 잊었고, 나도 잊었다.

    2. He didn't eat anything. I didn't, [too / either].
       그는 아무 것도 먹지 않았다. 나도 그랬다.

    3. The device works well. It's [costly / not costly], either.
       그 장비는 잘 작동한다. 게다가 비싸지도 않다.

- 두 개의 보기 중에서 올바른 것을 고르세요.

  1. [What / How] a cute dog it is!
     그것은 얼마나 귀여운 개란 말인가!

  2. I never saw [such / so] a boring film.
     나는 그렇게 지루한 영화를 본 적이 없다.

  3. It was [quite a / a quite] dull show.
     그것은 매우 지루한 쇼였다.

  4. He has [quite / too] weak a voice.
     그는 너무나 약한 목소리를 가지고 있다.

  5. I'm not as [diligent a / a diligent] student as she is.
     나는 그녀와 같이 부지런한 학생이 아니다.

- 제시어를 빈칸에 배열해서 문장을 완성하세요.

  1. Jane은 매우 바쁜 소녀여서 나는 그녀를 만날 수 없다.
     Jane is _____ that I can't meet her. (busy, a, so, girl)

  2. 이것은 내가 들고 가기에는 너무 무거운 가방이다.
     This is _____ for me to carry. (bag, heavy, too, a)

  3. 나는 얼마나 운 좋은 사람이란 말인가!
     _____ ! (lucky, I, a, what, am, man)

  4. 우리는 그 파티에서 정말 즐거운 시간을 가졌다.
     _____ at the party. (time, had, we, a, such, good)

비교

동사의 3단 변화를 공부하느라 힘들었는데, 이제 형용사·부사의 3단 변화(원급, 비교급, 최상급)를 공부할 차례입니다. 어렸을 때부터 '비교'당하고 자란 사람이라면, 비교라는 말만 들어도 싫을 것 같습니다. 그러나 비교를 하지 않는 삶은 상상조차 할 수 없습니다. 사물은 여러 면에서 그 정도가 다 다르고, 인간은 무언가 늘 더 나은 것을 추구한다는 것을 인정합시다. 이런 열린 자세로 접근한다면 한결 쉽게 느껴질 것입니다.

Chapter 4

Point 45
faster는 빠른 사람?

〈형용사/부사 + er〉은 비교급

fast의 뜻은 '빠른'입니다. 그럼 faster의 뜻은? '더 빠른'입니다. player처럼 동사에 -er을 붙이면 '동작을 하는 사람'을 의미하지만, 형용사나 부사 기본형(원급)에 -er을 붙이면 '더 ~'라는 의미(비교급)입니다. '가장 ~(최상급)'은 -est를 붙입니다.

- **fast** 빨리 — **faster** 더 빨리 — **fastest** 가장 빨리
- **He runs fast.** 그는 빨리 달린다.
- **He is faster than me.** 그는 나보다 더 빠르다.
- **The fastest runner is Usain Bolt.**
  가장 빠른 달리기 선수는 우사인 볼트다.

비교급과 최상급을 만들 때 주의할 점

(1) 원급이 -e로 끝나면 -r / -st만 붙입니다.

- **nice** 좋은 — **nicer** 더 좋은 — **nicest** 가장 좋은

(2) 단모음 + 단자음으로 끝나면 자음을 하나 더 씁니다.

- **big** 큰 — **bigger** 더 큰 — **biggest** 가장 큰

(3) 〈자음 + y〉로 끝나면 y를 i로 바꿉니다.

- **pretty** 예쁜 — **prettier** 더 예쁜 — **prettiest** 가장 예쁜

(4) 긴 음절의 형용사와 부사는 more / most를 앞에 붙입니다.

- **beautiful** 아름다운 — **more beautiful** 더 아름다운 — **most beautiful**
  가장 아름다운

Point 46
good의 비교급은 gooder?

 불규칙 비교급, 최상급

일부 형용사·부사의 비교급·최상급은 그 형태가 불규칙적이지만 매우 많이 사용되기 때문에 외워버리는 것이 좋습니다.

원급	비교급	최상급
good	better	best
well		
bad	worse	worst
many	more	most
much		
little	less	least
late	later 더 늦게	latest 최근의 (시간)
	latter 뒤의, 후자의	last 마지막의 (순서)
far	farther 더 먼	farthest (물리적)
	further 추가적인	furthest (비유적)

- Give me better things, please. 제게 더 좋은 것들을 주세요.
- This is the best thing we can give.
  이것이 우리가 줄 수 있는 가장 좋은 것입니다.
- It looks worse than I thought.
  그것은 내가 생각했던 것보다 더 나빠 보인다.
- Did you hear the latest news? 너는 최신 뉴스를 들었니?
- What time is the last show? 마지막 공연이 몇 시예요?
- This needs further study. 이것은 추가적인 공부가 필요하다.

연습문제 23

- **다음 단어의 비교급과 최상급을 쓰세요.**

    1. long 긴 — _____ 더 긴 — _____ 가장 긴
    2. short 짧은 — _____ 더 짧은 — _____ 가장 짧은
    3. large 큰 — _____ 더 큰 — _____ 가장 큰
    4. hot 뜨거운 — _____ 더 뜨거운 — _____ 가장 뜨거운
    5. easy 쉬운 — _____ 더 쉬운 — _____ 가장 쉬운
    6. difficult 어려운 — _____ 더 어려운 — _____ 가장 어려운
    7. slowly 느리게 — _____ 더 느리게 — _____ 가장 느리게

- **다음 영어 문장이 우리말과 같도록 빈칸을 채우세요.**

    1. My head is bigger than yours.
       내 머리는 네 머리보다 _____.

    2. He was the greatest player in the history of football.
       그는 축구 역사상 가장 위대한 _____.

    3. This dress makes me prettier.
       이 드레스는 나를 _____ 만들어준다.

    4. The driver was parking his car.
       _____ 자동차를 주차하고 있었다.

    5. The model has the most beautiful legs in the world.
       그 모델은 세계에서 _____ 다리를 가지고 있다.

    6. Rodin's most famous work is 'The Thinker.'
       Rodin의 _____ 작품은 '생각하는 사람'이다.

- 다음 문장을 우리말로 옮기세요.

    1. She sings better than he. _____

    2. Teachers should know their students best.

       _____

    3. Always prepare for the worst. _____

    4. She drinks more milk than her baby. _____

    5. I'll call you two hours later. _____

    6. My house is farther from the school than yours.

       _____

- 두 개의 보기 중에서 올바른 것을 고르세요.

    1. He looks [better / best] with that new hair style.
       그는 저 새로운 헤어스타일 때문에 더 좋아 보인다.

    2. The weather got [worse / worst], so we stopped playing soccer.
       날씨가 더 나빠져서, 우리는 축구하는 것을 멈췄다.

    3. There are [more / less] than 3,000 languages in the world.
       세계에는 3,000개 이상의 언어가 있다.

    4. The [latter / last] half of the movie was exiting.
       그 영화의 후반부는 흥미진진했다.

    5. For [farther / further] information, please call us.
       추가적인 정보를 원하시면, 저희에게 전화하십시오.

    6. She is my class mate who I love the [last / most].
       그녀는 내가 가장 좋아하는 학급 친구다.

바쁘면 벌이지 as busy as a bee

as + 형용사/부사 원급 + as + 비교대상

매우 바쁜 모습을 나타내는 숙어로 as busy as a bee가 있습니다. '벌만큼 바쁜'이라는 의미지요. 이 숙어처럼 형용사나 부사의 원급 앞뒤로 as를 붙이고, 두 번째 as 다음에 비교대상을 적어놓으면 '~만큼 …하다'라는 의미의 표현이 됩니다. 정도가 똑같다고 해서 동등 비교, 혹은 원급이 사용됐다고 해서 원급 비교라고 합니다.

- **Tom runs fast.** Tom은 빨리 달린다.

  Tom runs as fast as Usain Bolt. (as + 부사 + as)
  Tom은 Usain Bolt만큼 빨리 달린다.

- **Jane looks happy.** Jane은 행복해 보인다.

  Jane looks as happy as a king. (as + 형용사 + as)
  Jane은 왕만큼(최고로) 행복해 보인다.

as와 as 사이에 비교급이나 최상급이 들어가면 안 됩니다.
- Tom runs as faster/fastest as Usain Bolt. (X)
- Jane looks as happier/happiest as a king. (X)

as와 as 사이에 형용사나 부사 말고 다른 단어가 포함될 때도 있어요.
- I have as many books as a library has.
  나는 도서관만큼 많은 책을 가지고 있다.

가능한 한 빨리 as quickly as possible

 비교대상은 명사가 아니어도 된다!

원급 비교(as + 원급 + as)를 보다 자세히 다뤄보도록 하겠습니다. 두 번째 as 다음에는 비교대상으로서 명사나 대명사가 나오는 것이 일반적입니다. 그런데, 항상 그런 것만은 아닙니다.

- **Finish it as quickly as possible.** 그것을 가능한 한 빨리 끝내라.
  = **Finish it as quickly as you can.**
  (as 원급 as possible = as 원급 as 주어 can)
- **My father is as healthy as usual.**
  내 아버지는 평소처럼 건강하시다.
- **The test was as easy as thought.**
  그 시험은 생각됐던 것만큼 쉬웠다.

 부정어 + so + 원급 + as

간혹 〈as + 원급 + as〉의 첫 번째 as가 so로 바뀌어 있는 것을 본 적이 있을 겁니다. not 등이 포함된 부정문의 경우에 그렇습니다.

- **It's as cold as yesterday.** 날씨가 어제처럼 춥다.

  It's not so[as] cold as yesterday.
  날씨가 어제만큼 (그렇게) 춥지 않다.

- **The question is as difficult as you think.**
  그 질문은 네가 생각하는 것만큼 어렵다.

  The question isn't so[as] difficult as you think.
  그 질문은 네가 생각하는 것만큼 (그렇게) 어렵지 않다.

 연습문제 24

- 빈칸에 들어갈 적절한 단어를 보기에서 골라 쓰세요.

  | 보기 | fast | high | loud | soft | sweet | well |

  1. Love is as _____ as honey.

  2. That building is as _____ as a mountain.

  3. A cheetah can run as _____ as a car.

  4. Her skin was as _____ as velvet.

  5. My classmate Jeniffer can sing as _____ as a pop singer.

  6. My brother's footsteps are as _____ as those of an elephant.

- 다음 단어들을 이용하여 원급 비교 문장을 만드세요.

  1. Her bag, light, a butterfly

     = _____

  2. The dancer, jump, gracefully, a cat

     = _____

  3. My younger brother, wise, an old man

     = _____

  4. My teacher's voice, cold, ice

     = _____

  5. Her hair, red, a rose

     = _____

■ 우리말과 같은 뜻이 되도록 빈칸을 채우세요.

1. 우리는 최대한 빨리 그것을 할 것이다.
   We'll do it as quickly as _____.

2. 그 영화는 예상됐던 것만큼 흥미진진했다.
   The movie was as exciting as _____.

3. 그 선생님은 이전만큼 친절하시다.
   The teacher is as kind as _____.

4. Kevin은 평소처럼 긍정적이다.
   Kevin is as positive as _____.

■ 빈칸에 들어갈 적절한 단어를 보기에서 골라 쓰세요.

| 보기 | comfortable   energetic   scary   simple   tasty |

1. The cake was not as _____ as it smelled.
   그 케이크는 그 냄새만큼 맛있지 않았다.

2. The roller coaster was not as _____ as I thought it would be.
   그 롤러코스터는 그것이 그럴 거라고 내가 생각했던 것만큼 무섭지 않았다.

3. This chair is not so _____ as you think.
   이 의자는 네가 생각하는 것만큼 편하지 않다.

4. The magic trick was not as _____ as it seemed.
   그 마술은 보이는 것만큼 단순하지 않았다.

Point 49
원급 비교처럼 생겼지만

 쓰임이 확장된 원급 비교 형태 숙어

as ~ as 원급 비교 형태지만, 그 의미와 쓰임이 확장돼 원래 의미를 있는 그대로 적용하기 어려운 것들이 있습니다. 매우 많이 사용되는 표현들이라 따로 정리해둘 필요가 있습니다.

(1) as soon as

- **Call me back as soon as possible.**
  가능한 한 빨리 전화를 해주세요. (원급 비교: ~만큼 곧)

- **He ran away as soon as he saw me.**
  = **As soon as he saw me, he ran away.**
  그는 나를 보자마자 달아났다. (접속사: ~하자마자)

(2) as long as

- **The leopard's tail is as long as its body.**
  표범의 꼬리는 몸만큼 길다. (원급 비교: ~만큼 긴)

- **Any book will do as long as it is interesting.**
  재미가 있다면 어떤 책이든 좋다. (접속사: ~이기만 하다면)

(3) as well as

- **I can't sing as well as she can.**
  나는 그녀만큼 노래를 잘 부를 수 없다. (원급 비교: ~만큼 잘)

- **Baseball is popular in Korea as well as in America.**
  야구는 미국에서뿐만 아니라 한국에서도 인기가 많다. (~뿐 아니라)

Point 50

비교급과 than은 베스트프렌드

  비교급을 쓸 때 필요한 than

A와 B를 비교하여 'A가 B보다 더 ~하다'라고 할 때, 이를 〈A + 동사 + 비교급 + than + B〉로 표현합니다. '덜 ~하다'라는 표현은 〈less 원급 + than〉 구문을 이용합니다.

- **Minsu is 13 years old.** Minsu는 13살이다.

  Tom is 11 years old. Tom은 11살이다.

  → **Minsu is older than Tom.** Minsu는 Tom보다 나이가 많다.

  → **Minsu is an older boy than Tom.** (형용사의 비교급 + than)
     Minsu는 Tom보다 나이가 많은 소년이다.

- **Tom runs faster than Minsu.** (부사의 비교급 + than)
  Tom은 Minsu보다 더 빨리 달린다.

  → **Minsu is less fast than Tom.**
     Minsu는 Tom보다 덜 빠르다.

비교급과 어울리는 것은 than이지만, 비교급이 단독으로 쓰이는 경우나 관용구를 알아둘 필요가 있습니다.

- Tom runs fast than Minsu. (×)
- Tom runs faster as Minsu. (×)
- Minsu is fast, but Tom is <u>faster</u>.
  Minsu는 빠르지만, Tom이 더 빠르다.
  (문맥상 faster 다음에 than Minsu를 굳이 써줄 필요가 없습니다.)
- Tom is <u>no longer</u> a child. (더 이상 ~가 아니다)
  Tom은 더 이상 아이가 아니다.

연습문제 25

- 우리말과 같은 뜻이 되도록 빈칸을 채우세요.

  1. 그는 가능한 한 빨리 집에 돌아가고 싶었다.

     He wanted to return home as _____ as he could.

  2. 그가 집에 도착하자마자 비가 내리기 시작했다.

     As _____ as he arrived home, it began to rain.

  3. 당신이 원하는 만큼 여기 오래 있어도 좋다.

     You may stay here as _____ as you want to.

  4. 네가 조용히 있기만 하다면, 나는 상관하지 않는다.

     I don't care as _____ as you are quiet.

  5. 학교는 부모만큼 학생들을 잘 돌볼 수 있다.

     Schools can take care of students as _____ as parents.

  6. 그 자동차는 장점뿐 아니라 단점도 가지고 있다.

     The car has its faults as _____ as its strengths.

- 다음 중 as well as의 의미가 나머지 넷과 다른 문장을 고르세요.

  ① I want to see an elephant <u>as well as</u> a giraffe.

  ② I like to write novels <u>as well as</u> poems.

  ③ I visited England <u>as well as</u> France last summer.

  ④ I cannot ride a bicycle <u>as well as</u> you can.

  ⑤ I learn a lot from people <u>as well as</u> from books.

- 괄호 안의 단어의 올바른 형태를 빈칸에 쓰세요.

    1. My older brother is now _____ than my father. (tall)
    2. The weather is _____ in winter than in summer. (cold)
    3. Her feet are _____ than mine. (big)
    4. This movie is _____ than the movie we saw yesterday. (good)
    5. The problem is _____ than we expected. (bad)
    6. A coat feels _____ when it is wet. (heavy)
    7. No one can run _____ than light. (fast)
    8. John walks _____ than a snail. (slowly)

- 두 개의 보기 중에서 올바른 것을 고르세요.

    1. I can do [well / better] than that.
       나는 저것보다 더 잘할 수 있다.

    2. Health is [more / most] important than wealth.
       건강은 재산보다 더 중요하다.

    3. After she met the doctor, she became healthier [as / than] before.
       그녀는 그 의사를 만난 후에 전보다 더 건강해졌다.

    4. Mt. Halla is [less high / higher] than Mt. Baekdu.
       한라산은 백두산보다 덜 높다.

    5. I could wait for her no [longer / shorter].
       나는 더 이상 그녀를 기다릴 수 없었다.

Point 51
비교급을 강조하고 싶다?

 비교급을 강조하는 much

한라산은 동네 뒷산이 아닙니다. 매우 높은(very high) 산입니다. 그렇지만, 한라산에 비해 백두산은 더 높고(higher), 에베레스트 산은 훨씬 더 높습니다(much higher). 즉, 형용사와 부사의 원급을 강조할 때는 very를 사용하지만, 비교급을 강조할 때는 much를 사용합니다.

- **Tom is very tall.**
  Tom은 매우 키가 크다.

  Tom is much taller than his father.
  Tom은 그의 아버지보다 키가 훨씬 더 크다.

- **This is a very exciting game.**
  이것은 매우 흥미진진한 게임이다.

  This is a much more exciting game than that.
  이것은 저것보다 훨씬 더 흥미진진한 게임이다.

much 대신 even, far, still, a lot을 사용하기도 합니다.
- She looks even prettier than her picture.
  그녀는 그녀의 사진보다 훨씬 더 예뻐 보인다.
- The situation is far worse than yesterday.
  상황은 어제보다 훨씬 안 좋다.
- Nylon is still cheaper than silk.
  나일론은 비단보다 훨씬 더 싸다.
- She makes a lot more money than I do.
  그녀는 나보다 훨씬 더 많은 돈을 번다.

Point 52
비교급도 곱빼기가 되나요?

비교급 + and + 비교급

중국집에 가서 배가 매우 고플 때 곱빼기를 시키는 것처럼 비교급도 하나로는 의미가 부족할 때 두 개를 쓰며 강조합니다. 바로 〈비교급 + and + 비교급〉 구문입니다.

- **The weather is getting warmer.**
  날씨가 더 따뜻해지고 있다.

  The weather is getting warmer and warmer.
  날씨가 더욱 더 따뜻해지고 있다.

- **The daytime grows longer.**
  낮 시간이 더 길어진다.

  The daytime grows longer and longer.
  낮 시간이 더욱 더 길어진다.

The + 비교급 ~, the + 비교급 …

〈The + 비교급 ~, the + 비교급 …〉은 '더 ~하면 할수록 더 …하다'라는 의미입니다. the 비교급 다음에는 〈주어 + 동사〉가 나오며, 비교급 대신 원급이나 최상급을 쓰면 안 됩니다.

- **The most you have, the much you want.** (X)

  The more you have, the more you want.
  = **If you have more, you want more.**
  더 많이 가질수록, 더 많은 것을 원하게 된다.

- **The more money you make, the more you spend.**
  더 많은 돈을 벌수록 더 많이 소비하게 된다.

- **The longer you smoke, the worse your health becomes.**
  더 오래 담배를 피울수록, 건강은 더욱 안 좋아진다.

연습문제 26

- 밑줄 친 표현에 유의하여 각 문장을 우리말로 옮기세요.

    1. ① We spend <u>much</u> time watching TV. _____

       ② This winter is <u>much</u> colder than last winter.

       _____

    2. ① I don't <u>even</u> remember her name. _____

       ② Doing is <u>even</u> harder than saying. _____

    3. ① He doesn't live <u>far</u> from here. _____

       ② They are <u>far</u> taller than their parents. _____

    4. ① I'm <u>still</u> hungry! _____

       ② This cake is <u>still</u> more delicious than my cake.

       _____

- 두 개의 보기 중에서 올바른 것을 고르세요.

    1. The math test was [very / much] difficult.
       그 수학 시험은 매우 어려웠다.

    2. We all know that the United States is [very / much] bigger than Japan.
       우리 모두는 미국이 일본보다 훨씬 크다는 것을 알고 있다.

    3. She was a(n) [very / even] more attractive actress than Marilyn Monroe.
       그녀는 Marilyn Monroe보다 훨씬 더 매력적인 여배우였다.

    4. It was [very / far] cruel of you to fire her.
       네가 그녀를 해고한 것은 매우 잔인했다.

- 보기에서 단어를 골라 〈비교급 and 비교급〉 구문의 문장을 완성하세요.

    | 보기 | angry　easy　fat　smart　warm |

    1. When spring comes, days are getting _____.
    2. If you study hard, you can be _____.
    3. I'll help you. The work will be _____.
    4. My cat always lies down. He is getting _____.
    5. All of us were late. So, our teacher got _____.

- 괄호 안의 단어를 문법에 맞게 변형하세요.

    1. The (high) we climbed, the (cold) it became.
       우리가 더 높이 올라갈수록 더욱 추워졌다.

    2. The (long) you sleep, the (healthy) you will become.
       더 오래 잘수록 더 건강하게 될 것이다.

    3. The (hard) you study, the (good) grades you will get.
       더 열심히 공부할수록 더 좋은 성적을 받게 될 것이다.

    4. The (much) we know about him, the (well) we can understand his novels.
       그에 대해 더 많이 알면 우리는 그의 소설들을 더 잘 이해할 수 있다.

    5. The (little) you speak, the (few) mistakes you will make.
       적게 말할수록 실수를 더 적게 할 것이다.

두 배, 세 배, 네 배 더

 비교급의 배수 표현하기

비교를 할 때 2배, 3배, 여러 배의 배수를 표현해야 하는 경우가 있습니다. 이때는 비교급이나 〈as + 원급 + as〉 앞에 배수를 써주면 됩니다. 2배는 twice, 3배는 three times, 4배는 four times, 여러 배는 many times라고 합니다.

- **Tom's father is older than Tom.**
  Tom의 아버지는 Tom보다 나이가 많다.

  Tom's father is twice older than Tom.
  = **Tom's father is twice as old as Tom.**
  Tom의 아버지는 Tom보다 2배 더 나이가 많다.

- **Gold is three times heavier than copper.**
  = **Gold is three times as heavy as copper.**
  금은 구리보다 3배 더 무겁다.

- **Japan's population is many times larger than Korea's.**
  = **Japan's population is many times as large as Korea's.**
  일본의 인구는 한국의 인구보다 몇 배 더 많다.

비교의 격차를 표현할 때, 비교급 앞에 그 격차를 써주거나, 〈by + 격차〉를 덧붙입니다.
- My brother is 3 years older than I.
= My brother is older than I by 3 years.
  내 형은 나보다 3살 더 나이가 많다.

Point 54
영어공부가 가장 재밌지요?

 최상급 표현하기

여러 사람·사물이나 집단 가운데 '가장 ~한 것'을 가리킬 때 최상급 구문을 사용합니다. 최상급 다음에는 보통 〈of + 복수명사〉나 〈in + 집단〉이 뒤따릅니다.

- **Alan is the fastest of all the students.** (형용사 fast의 최상급)
  Alan이 그 학생들 중에서 가장 빠르다.
- **Jane is the best singer in the school.** (형용사 good의 최상급)
  Jane은 그 학교에서 노래를 제일 잘 부르는 사람이다.

 the의 생략

최상급은 독보적인 것이기 때문에 그 앞에 정관사 the가 오는 것이 자연스럽지만, 부사의 최상급에서는 정관사 the가 자주 생략됩니다.

- **Alan runs Φ fastest in his class.** (부사 fast의 최상급)
  Alan은 그의 반에서 가장 빨리 달린다.
- **She studies Φ hardest this year.** (부사 hard의 최상급)
  그녀는 올해 가장 열심히 공부한다.

형용사나 부사가 긴 단어일 때, 〈most + 원급〉으로 최상급을 표현합니다.
- This is the most difficult problem in the test.
  (형용사 difficult의 최상급)
  이것이 그 시험에서 가장 어려운 문제다.
- This is the most commonly used way.
  (부사 commonly의 최상급)
  이것이 가장 흔하게 이용되는 방법이다.

연습문제 27

■ 빈칸에 알맞은 표현을 써서 문장을 완성하세요.

1. My dog is three times bigger than yours.
   = My dog is _____ _____ as _____ as yours.
   나의 개는 너의 개보다 3배 더 크다.

2. The winter vacation is twice longer than the summer vacation.
   = The winter vacation is _____ as _____ as the summer vacation.
   겨울 방학은 여름 방학보다 2배 더 길다.

3. The population of New York city is four times larger than that of our city.
   = The population of New York city is _____ _____ as _____ as that of our city.
   뉴욕 시의 인구는 우리 시의 인구보다 4배 더 많다.

4. The plant grew many times taller than before.
   = The plant grew _____ _____ as _____ as before.
   그 식물은 이전보다 여러 배 더 크게 자랐다.

■ 보기에서 단어를 골라 문맥에 맞게 바꿔 문장을 완성하세요.

보기	heavy　high　long　old　tall　warm

1. My mother is 28 years _____ than I am.

2. This snake is 3 meters _____ than that one.

3. Ron is five centimeters _____ than me.

4. The room is four degrees _____ than outside.

- 괄호 안의 단어의 올바른 형태를 빈칸에 쓰세요.

    1. This is _____ of all pictures. (fine)
       이것이 모든 그림들 중에서 가장 훌륭하다.

    2. Jane is _____ girl in her class. (tall)
       Jane은 그녀의 반에서 키가 가장 큰 여자아이다.

    3. Peter is _____ player in the team. (good)
       Peter는 그 팀에서 가장 훌륭한 선수다.

    4. This cell phone is _____ one. (expensive)
       이 핸드폰이 가장 비싼 핸드폰이다.

    5. He eats _____ in his family. (quickly)
       그는 그의 가족 중에서 가장 빨리 먹는다.

- 두 개의 보기 중에서 올바른 것을 고르세요.

    1. I have [longest / the longest] hair in my school.
       나는 학교에서 가장 긴 머리를 가지고 있다.

    2. Today is the [cold / coldest] day of this month.
       오늘은 이번 달의 가장 추운 날이다.

    3. I am the [happier / happiest] person in the world.
       나는 세계에서 가장 행복한 사람이다.

    4. She sings most [beautiful / beautifully] in her class.
       그녀는 그녀 반에서 가장 아름답게 노래를 부른다.

    5. Iron is the most [useful / usefully] of all metals.
       철은 모든 금속들 가운데 가장 유용하다.

Point 55
김태희만큼 예쁜 탤런트는 없어!

원급, 비교급 표현으로 최상급 구문 만들기

우리가 '김태희가 가장 예쁜 탤런트다.'라는 의미로서 '김태희만큼 예쁜 탤런트는 없다.'나 '김태희는 어떤 탤런트보다도 예쁘다.'라는 말을 쓰는 것처럼, 영어에서도 원급이나 비교급 구문을 이용하여 최상급을 표현할 수 있습니다.

- **Love is the most important thing in my life.**
  사랑은 내 인생에서 가장 중요한 것이다.
  = **Love is as important as any thing in my life.**
  사랑은 내 인생의 다른 어떤 것만큼 중요하다. (as 원급 as + any 명사)
  = **Love is more important than any other thing in my life.**
  사랑은 내 인생의 다른 어떤 것보다 더 중요하다.
  (비교급 + than any other 단수명사)
  = **Love is more important than all the other things in my life.**
  사랑은 내 인생의 다른 모든 것들보다 중요하다.
  (비교급 + than all the other 복수명사)
  = **No (other) thing in my life is so[as] important as love.**
  내 인생의 다른 어떤 것도 사랑만큼 중요하지 않다.
  (부정주어 + so[as] 원급 as)
  = **No (other) thing in my life is more important than love.**
  내 인생의 다른 어떤 것도 사랑보다 더 중요하지 않다.
  (부정주어 + 비교급 than)

- **Few girls are as pretty as Jane.**
  Jane만큼 예쁜 소녀는 거의 없다.
  = **Few girls are prettier than Jane.**
  Jane보다 예쁜 소녀는 거의 없다.
  (결국, Jane이 예쁨을 강조한 표현)

둘째라면 서럽다?

 외워두면 좋은 최상급 관용구문

최상급과 관련하여 많이 쓰이는 구문들을 다음처럼 정리해봤습니다.

(1) one of the 최상급 + 복수명사: 가장 ~한 …사람 중 하나

- **He is one of the best musicians in the world.**
  그는 세상에서 가장 훌륭한 음악가들 중 한 명이다.

(2) the + 서수 + 최상급: ~번째로 뛰어나다

- **She is the second best among the golfers.**
  그녀는 그 골프선수들 가운데 2번째로 뛰어나다.

(3) at most / at least: 최대 / 최소

- **We expect 10 people at most.**
  우리는 최대[많아야] 10명을 예상한다. (부정적 의미)

- **We expect 10 people at least.**
  우리는 최소[적어도] 10명을 예상한다. (긍정적 의미)

(4) the last + 명사: ~하는 마지막 것이다, 전혀 ~하지 않았다

- **This is the last thing I expected.**
  이것은 전혀 예상하지 못했다.

(5) second to none: 누구에게도 두 번째가 아니다, 최고다

- **The soccer player is second to none.**
  그 축구 선수는 최고다.

연습문제 28

■ 다음 문장들이 같은 뜻이 되도록 빈칸을 채우세요.

> 서울은 한국에서 가장 큰 도시다

= Seoul is the biggest city in Korea.

= Seoul is as _____ as any city in Korea.

= Seoul is _____ than any other city in Korea.

= Seoul is bigger than _____ the other cities in Korea.

= _____ other city in Korea is as big as Seoul.

= No other city in Korea is bigger _____ Seoul.

■ 두 개의 보기 중에서 올바른 것을 고르세요.

1. Pizza is larger than any [other / another] food.
   피자는 다른 어떤 음식보다 크다.

2. Harry is [slimmer / slimmest] than all the other students in his class.
   Harry는 그의 반에 있는 다른 모든 학생들보다 말랐다.

3. I love you as [much / most] as any person does.
   나는 세상의 어떤 사람만큼 많이 너를 사랑한다.

4. [Anything / Nothing] is more important to him than his family.
   그에게 그의 가족보다 더 중요한 것은 없다.

5. Nothing can be so [easy / easier] as this.
   이것만큼 쉬운 것은 있을 수 없다.

6. [A few / Few] models are as good-looking as Tom.
   Tom만큼 잘생긴 모델은 거의 없다.

- 우리말과 같은 뜻이 되도록 괄호 안의 단어의 올바른 형태를 빈칸에 쓰세요.

    1. 그녀는 가장 훌륭한 피아니스트 중의 한 명이다.

       She is one of _____ pianists. (good)

    2. 그는 학교에서 세 번째로 크다.

       He is the _____ tallest in his school. (three)

    3. 나는 그녀가 많아봤자 30세라고 생각했다.

       I thought that she was thirty at _____. (much)

    4. 나는 그를 일주일에 적어도 5번은 만난다.

       I meet him at _____ 5 times a week. (little)

    5. 너는 내가 선택할 마지막 사람이다.(즉, 선택하지 않겠다)

       You are the _____ person I would choose. (late)

- 두 개의 보기 중에서 올바른 것을 고르세요.

    1. She is one of the prettiest [woman / women] in the world.
       그녀는 세계에서 가장 예쁜 여자들 중 한 명이다.

    2. I need at [most / least] 10 minutes for the work.
       나는 이 일을 끝내는 데 적어도 10분이 필요하다.

    3. This is the second [larger / largest] lake in this country.
       이것은 이 나라에서 두 번째로 큰 호수다.

    4. Mike is the [last / latest] student to pass the exam.
       Mike는 시험에 통과할 마지막 사람이다.(즉, 시험에 통과하지 못할 것이다)

전치사

전치사(前置詞)? 한자로는 앞(前)에 위치(置)하는 단어(詞)라는 뜻인데 무엇 앞에 위치하는 것일까요? 이미 알고 있는 분도 계시겠지만, 명사입니다. 명사 '집(home)'을 예로 든다면, '집에서, 집으로, ...'처럼 한국어에서는 명사 다음에 각종 조사가 붙습니다만, 영어에서는 at home, to home, ...처럼 명사 앞에 각종 전치사 at, to, ...가 붙습니다. 가장 대표적인 전치사들은 어떤 것이 있고, 어떤 역할을 하는지 궁금하지 않나요? 상대적으로 쉬운 파트이므로 더욱더 재밌게 공부해봅시다.

Chapter 5

저녁에, 밤에: '에'가 달라?

 at, on, in의 사용법

전치사는 종류별로 공부하면 편합니다. 시간을 표현할 때 이용하는 가장 대표적인 전치사 at, on, in을 소개합니다.

(1) at: 주로 한 순간이나 시점

- **at** 8 o'clock 8시에
- **at** that time 그때에
- **at** noon 정오에
- **at** night 밤에
- I cried **at** the end of the movie.
  나는 영화의 끝부분에서 울었다.

(2) on: 주로 특정 날짜, 요일

- **on** August 11 8월 11일에
- **on** Monday 월요일에
- **on** the afternoon of December 30 12월 30일의 오후에
- I was born **on** September 17.
  나는 9월 17일에 태어났다.

(3) in: 주로 월, 계절, 년도, 세기 등 긴 시간 그리고 아침, 오후, 저녁

- **in** January 1월에
- **in** winter 겨울에
- **in** 1997 1997년에
- **in** the 20th century 20세기에
- **in** the morning[afternoon, evening] 아침[오후, 저녁]에
- They have a long holiday **in** summer.
  그들은 여름에 긴 휴가를 갖는다.

Point 58
구별해야 할 시간전치사

 짝지어 공부하면 좋은 시간전치사

이외에도 시간 관련 중요 전치사는 많지만, 구별해야 할 것들 위주로 공부합시다.

(1) until: ~까지(계속) vs. by: ~까지는(완료)

- I'm going to wait for you until Monday.
  나는 월요일까지 너를 기다릴 것이다.
  (토·일요일을 지나 월요일에도 계속 기다릴 것이라는 의미)
- You have to finish it by Monday.
  너는 월요일까지는 그것을 끝내야 한다.
  (월요일이 마감일로, 그전에 끝내도 된다는 의미)

(2) before: ~ 전에 vs. after: ~ 후에

- You'd better come here before noon.
  당신은 정오 전에 이곳에 오는 게 좋다.
- You'd better come here after noon.
  당신은 정오 후에 이곳에 오는 게 좋다.

(3) for: ~ 동안(주로 숫자) vs. during: ~에(주로 특정 명사)

- I walked around for three hours.
  나는 3시간 동안 걸어 다녔다.
- They sleep during winter.
  그들은 겨울 동안 잠을 잔다.
- I visited London during the winter.
  나는 그 겨울 중에 런던을 방문했다.

연습문제 29

- 빈칸에 at, on, in 중 알맞은 전치사를 쓰세요.

1. School begins _____ nine.
   학교는 9시에 시작한다.

2. They go shopping _____ Sundays.
   그들은 일요일에 쇼핑을 간다.

3. School begins _____ March in Korea.
   한국에서 학교는 3월에 시작한다.

4. We have lunch _____ noon.
   우리는 정오에 점심 식사를 먹는다.

5. Rain poured down _____ that day.
   그날에는 비가 퍼부었다.

6. The song was popular _____ the early 2000s.
   그 노래는 2000년대 초반 인기가 있었다.

7. I often feel lonely _____ night.
   나는 자주 밤에 외로움을 느낀다.

8. I go to see a movie _____ weekends.
   나는 주말에 영화를 보러 간다.

9. I went to bed early _____ the evening.
   나는 저녁 일찍 잠자리에 들었다.

10. _____ that moment she felt nervous.
    바로 그 순간 그녀는 초조하였다.

- 밑줄 친 전치사에 유의하여 다음 문장을 우리말로 옮기세요.

    1. The show will be open <u>until</u> next Saturday.
    _____

    2. I have to get there <u>by</u> noon. _____

    3. We left for the airport <u>before</u> sunrise.
    _____

    4. They watched TV <u>after</u> dinner. _____

    5. We are going to stay here <u>for</u> two days.
    _____

    6. I stayed there <u>during</u> the vacation. _____

- 두 개의 전치사 중에서 올바른 것을 고르세요.

    1. She waited for you [until / by] four o'clock.
    그녀는 4시까지 당신을 기다렸다.

    2. They often play baseball [after / before] school.
    그들은 종종 방과 후에 야구를 한다.

    3. He has worked here [for / during] a long time.
    그는 오랫동안 이곳에서 일했다.

    4. A child came to see you [for / during] your absence.
    어떤 아이가 네가 없는 중에 너를 만나러 왔었다.

    5. I'll have it done [until / by] tomorrow.
    나는 내일까지는 그것을 끝낼 것이다.

몬무룩...

Point 59
집에서, 세계에서: '에서'가 달라?

at, in, on, over, under

이제 장소·위치와 관련된 대표 전치사를 소개하겠습니다.

(1) at: 주로 좁은 장소

- **at** home 집에서
- **at** the hospital 그 병원에서
- He is staying **at** the hotel.
  그는 그 호텔에 머물고 있다.

(2) in: 주로 넓은 장소

- **in** the city 그 도시에서
- **in** Korea 한국에서
- There are many things to see **in** Busan.
  부산에는 볼 것이 많이 있다.

(3) on: ~ (위)에 (접촉)

- **on** the table 테이블 위에
- **on** the wall 벽에
- The picture is **on** the wall.
  그 그림은 벽 위에 있다.

(4) over: ~ 위에 ↔ under: ~ 아래에 (떨어져)

- The picture is **over** the desk.
  그 그림은 책상 위에 있다.
- The picture is **under** the ceiling.
  그 그림은 천장 아래 있다.

Point 60
다양한 장소·위치전치사

🧍 기타 주요 장소 · 위치전치사

다양한 장소·위치전치사를 구별해야 할 것 위주로 정리했습니다.

(1) between: ~ 사이에서(주로 2가지) vs. among: ~ 중에서(주로 셋 이상)

- **The store is between the hospital and the bank.**
  그 가게는 병원과 은행 사이에 있다.

- **He is the only kind man among them.**
  그는 그들 가운데 유일하게 친절한 사람이다.

(2) around: ~을 둘러, ~ 주변에

- **They sat around the fire.**
  그들은 불을 둘러앉았다.

(3) through: ~을 통하여

- **He came in through the window.**
  그는 창문을 통해 들어왔다.

(4) beside: ~ 옆에 vs. behind: ~ 뒤에

- **He sat beside me.**
  그는 내 옆에 앉았다.

- **My cat is hiding behind the chair.**
  내 고양이가 나무 뒤에 숨어 있다.

연습문제 30

- 밑줄 친 전치사에 유의하여 다음 문장을 우리말로 옮기세요.

    1. They arrived <u>at</u> the airport.
    _____

    2. Russia is the largest country <u>in</u> the world.
    _____

    3. Someone is knocking <u>on</u> the door.
    _____

    4. The horse jumped <u>over</u> the fence.
    _____

    5. She and I live <u>under</u> the same roof.
    _____

- 두 개의 전치사 중에서 올바른 것을 고르세요.

    1. I have eaten so much [at / on] the party.
       나는 그 파티에서 매우 많이 먹었다.

    2. Madrid is the highest capital city [at / in] Europe.
       마드리드는 유럽에서 가장 높은 곳에 있는 수도입니다.

    3. Suzy sits [on / over] the lap of her mother.
       Suzy는 엄마의 무릎 위에 앉아 있다.

    4. She held an umbrella [in / over] the child.
       그녀는 그 아이 위로 우산을 들었다.

    5. Do you ever dream of travelling [on / under] the sea?
       너는 바다 밑에서 여행하는 꿈을 꿔본 적 있니?

■ 밑줄 친 전치사에 유의하여 다음 문장을 우리말로 옮기세요.

1. The river runs <u>between</u> the two countries.

2. I found the letter <u>among</u> his books.

3. I wish to make a trip <u>around</u> the world.

4. You can see <u>through</u> glass.

5. Some men are standing <u>beside</u> a truck.

■ 두 개의 전치사 중에서 올바른 것을 고르세요.

1. He commutes [among / between] Inchon and Seoul every day.
   그는 매일 인천과 서울 사이를 출퇴근한다.

2. I pushed my way [around / through] the crowd.
   나는 사람들을 뚫고 앞으로 밀고 나갔다.

3. At that moment, I was [beside / behind] the door.
   바로 그 순간 나는 문 뒤에 있었다.

4. The couple are lying [beside / behind] the swimming pool.
   그 연인은 수영장 옆에 누워 있다.

Point 61
다양한 방향전치사

짝지어 공부하면 좋은 방향전치사

방향의 의미를 내포한 기본 전치사들을 소개합니다.

(1) up: ~ 위로 vs. down: ~ 아래로

- **The children climbed up the tree.**
  아이들은 나무 위로 올라갔다.
- **I saw a dog running down the hill.**
  나는 개 한 마리가 언덕을 달려 내려오는 것을 보았다.

(2) into: ~ 속으로 vs. out of: ~ 밖으로

- **All the children ran into the room.**
  그 모든 아이들이 방 안으로 뛰어들어왔다.
- **All the children ran out of the room.**
  그 모든 아이들이 방 밖으로 뛰어나갔다.

(3) to: ~로(목적지) vs. toward: ~ 쪽으로(방향)

- **We went to Paris by plane.**
  우리는 비행기를 타고 파리에 갔다.
- **They ran toward the river.**
  그들은 강 쪽으로 뛰어갔다.

(4) along: ~을 따라 vs. across: ~을 가로질러

- **He continued to walk along the street.**
  그는 길을 따라 계속 걸어갔다.
- **I can swim across the river.**
  나는 수영을 해서 그 강을 건널 수 있다.

Point 62
as와 by 집중탐구

 as

as는 뜻이 정말 다양합니다. 그중 전치사 as의 가장 대표적 의미는 '~로서', '~라고'입니다.

- **I respect her as a doctor.**
  나는 그녀를 의사로서 존경한다.

- **We regard her as our friend.**
  우리는 그녀를 우리의 친구라고 생각한다.

 by

by는 시간전치사로서의 뜻 '~까지' 외에도 다양한 뜻을 가집니다.

(1) 위치: ~ 옆에

- **Stand by me.** 내 옆에 서라. (나를 도와줘라.)

(2) 수단: ~을 통해

- **We want to travel by sea.** 우리는 배로 여행을 하고 싶다.

(3) 행위자: ~에 의해

- **The book was written by him.** 그 책은 그에 의해 쓰였다.
- **I was hit by a ball.** 나는 공에 맞았다.

연습문제 31

- 밑줄 친 전치사에 유의하여 다음 문장을 우리말로 옮기세요.

    1. The post office is <u>down</u> the street.

    2. The couple walked <u>into</u> a nice restaurant.

    3. He has been <u>out of</u> town for a week.

    4. Something dropped <u>to</u> the floor.

    5. She turned her face <u>toward</u> the door.

    6. They are running <u>along</u> the river.

- 두 개의 전치사 중에서 올바른 것을 고르세요.

    1. The man is climbing [down / up] the ladder.
       그 남자가 사다리를 타고 올라가고 있다.

    2. I'm thinking of moving [into / out of] this town.
       나는 이 마을을 떠날 생각을 하고 있는 중이다.

    3. Turn [to / toward] the left, and you'll find the bank.
       왼쪽으로 돌아라, 그러면 은행이 보일 것이다.

- 밑줄 친 전치사에 유의하여 다음 문장을 우리말로 옮기세요.

    1. He has talent <u>as</u> a footballer.
       _____

    2. Look at the house <u>by</u> the river.
       _____

    3. We are going to travel <u>by</u> car.
       _____

    4. I like paintings <u>by</u> Van Gogh.
       _____

- 보기의 밑줄 친 as와 같은 의미로 쓰인 문장을 고르세요.

    > 보기 My father gave me the watch <u>as</u> a birthday present.

    (a) <u>As</u> the weather was fine, we went for a walk.

    (b) <u>As</u> a teacher, he was perfect.

- 보기의 밑줄 친 by와 같은 의미로 쓰인 문장을 고르세요.

    > 보기 She is standing <u>by</u> the copy machine.

    (a) I was amazed <u>by</u> his work.

    (b) Judy was sitting in a chair <u>by</u> the window.

Point 63
for와 from 집중탐구

for

for는 시간전치사로서의 뜻 '~ 동안' 외에도 다양한 뜻이 있습니다.

(1) 목적: ~을 위하여

- **This book is for children.**
  이 책은 아이들을 위한 것이다.

(2) 추구: ~을 찾아

- **They searched for the missing girl.**
  그들은 그 사라진 소녀를 찾았다.

(3) 방향: ~을 향해

- **They left for Seoul.**
  그들은 서울을 향해 떠났다.

from

from은 시간·장소전치사로서의 뜻 '~부터' 외에 뒤에 재료나 원인이 나올 수 있습니다.

- **You must not go out for 3 days from today.**
  너는 오늘부터 3일 동안 나가면 안 된다.
- **He moved from Korea to Hawaii.**
  그는 한국으로부터 하와이로 이사를 갔다.
- **Many things are made from nylon.**
  많은 것들이 나일론으로 만들어진다.

Point 64
like와 unlike 집중탐구

like

like는 동사(좋아하다) 말고 전치사(~처럼, ~ 같이)로도 사용된다는 것을 알고 계셨나요?

- I <u>like</u> reading comic books. (동사)
  나는 만화책을 읽는 것을 좋아한다.

- <u>Like</u> everyone else, I read the book too. (전치사)
  다른 모든 사람처럼, 나도 그 책을 읽었다.

- He acted <u>like</u> a madman. (전치사)
  그는 미친 사람같이 행동했다.

- That sounds <u>like</u> a great idea. (전치사)
  그것은 멋진 생각처럼 들린다.

unlike

전치사 like의 반대말은 unlike(~와 다르게)입니다. 동사 like의 반대말인 dislike(싫어하다)와 헷갈리면 안 됩니다.

- The prince was weak <u>unlike</u> his father. (전치사)
  그 왕자는 그의 아버지와 다르게 약했다.

- <u>Unlike</u> other restaurants, our foods are unique. (전치사)
  다른 식당들과 다르게 우리의 음식들은 독특하다.

> (참고) Why did the prince <u>dislike</u> his father? (동사)
> 왜 그 왕자는 그의 아버지를 싫어했을까?

연습문제 32

- 밑줄 친 전치사에 유의하여 다음 문장을 우리말로 옮기세요.

  1. There's a letter <u>for</u> him.
  _____

  2. He called me <u>for</u> advice.
  _____

  3. Mom stayed at my side <u>from</u> morning until night.
  _____

  4. He looks tired <u>from</u> the long trip.
  _____

- 보기의 밑줄 친 for와 같은 의미로 쓰인 문장을 고르세요.

  > 보기 He works <u>for</u> his family diligently.

  (a) We traveled night and day <u>for</u> a week.

  (b) He opened the car door <u>for</u> his wife.

- 보기의 밑줄 친 from과 같은 의미로 쓰인 문장을 고르세요.

  > 보기 Our teacher comes <u>from</u> England.

  (a) Cake is made <u>from</u> flour, milk and eggs.

  (b) He felt dizzy <u>from</u> the heat.

  (c) The view <u>from</u> there was spectacular.

- 밑줄 친 단어에 유의하여 다음 문장을 우리말로 옮기세요.

  1. She's wearing a dress <u>like</u> mine.
     _____

  2. They <u>like</u> spending their free time alone.
     _____

  3. Music is <u>unlike</u> any other art form.
     _____

  4. Which animal do you <u>dislike</u> the most?
     _____

- 두 개의 보기 중에서 우리말에 맞는 영어 표현을 고르세요.

  1. 그는 바람처럼 달렸다.
     He ran [like / unlike] the wind.

  2. Beatles 같은 유명한 음악가들은 사람들 사이에서 여전히 인기가 있다.
     Famous musicians, [like / unlike] Beatles, are still popular among people.

  3. 대부분의 아이들과 다르게, 이 아이는 매우 예의바르다.
     [Like / Unlike] most children, this child is very polite.

  4. 그 소리는 새들이 노래하는 소리와 달랐다.
     The sound was [dislike / unlike] that of birds singing.

  5. 사람들은 그 사건 이후 그를 싫어하게 됐다.
     People started to [dislike / unlike] him after the accident.

Point 65
of와 to 집중탐구

 of

of는 보통 '~의'라고 해석됩니다만, 그것이 내포하는 의미를 보다 정확히 이해해야 할 때가 있습니다.

- **The lid of the box was opened.**
  그 상자의 뚜껑은 열려 있었다.

- **The paintings of Monet are my favorite.**
  Monet의 그 그림들(화가 Monet가 그린 그림들)은 내가 제일 좋아하는 것이다.

- **What do you think of China?**
  너는 중국에 대해 어떻게 생각하니?

- **We are a family of seven.**
  우리는 7명의(7명으로 구성된) 가족이다.

 to

to 역시 방향전치사로서의 뜻 '~로' 외에 다양한 의미들이 있습니다.

- **That sounds strange to me.**
  그것은 내게 이상하게 들린다.

- **Things went from bad to worse.**
  상황은 나쁜 쪽에서 더 나쁜 쪽으로 변했다.

- **I like all kinds of music from opera to rock.**
  나는 오페라에서 록까지 모든 종류의 음악을 좋아한다.

Point 66
with와 without 집중탐구

with

with는 보통 '~와, ~와 함께'라고 알고 있습니다. 그런데 다른 의미의 용법도 알아둘 필요가 있습니다.

(1) ~와, ~와 함께

- She is living with her mother. 그녀는 그녀의 어머니와 살고 있다.

(2) ~으로

- We see the world with our eyes. 우리는 우리 눈으로 세상을 본다.

(3) ~ 때문에

- She trembled with fear. 그녀는 두려움으로 떨었다.

(4) ~에 대해, ~에게

- Don't be angry with her. 그녀에게 화내지 말라.

without

without은 '~이 없이, ~이 없다면'이라는 의미입니다.

- What would I do without you?
  당신이 없다면 내가 무엇을 할 수 있을까요?
- Don't go out without your coat.
  코트 없이 밖에 나가지 말라.

연습문제 33

- 밑줄 친 전치사에 유의하여 다음 문장을 우리말로 옮기세요.

    1. The melody <u>of</u> this song is strange.
       _____

    2. One <u>of</u> us will have to go.
       _____

    3. This is a story <u>of</u> a boy who fell in love with a girl.
       _____

    4. The traffic light changed from green <u>to</u> red.
       _____

    5. I send letters <u>to</u> my brother twice a month.
       _____

- 보기의 밑줄 친 of와 같은 의미로 쓰인 문장을 고르세요.

    > 보기 **This is a map <u>of</u> India.**

    (a) Do you know the result <u>of</u> the debate?

    (b) Look at the building <u>of</u> steel.

    (c) I like that photo <u>of</u> my mother.

- 밑줄 친 전치사에 유의하여 다음 문장을 우리말로 옮기세요.

    1. Keep in touch <u>with</u> me.
    　_____

    2. Let's start <u>with</u> what we have.
    　_____

    3. I am busy <u>with</u> my homework.
    　_____

    4. She hit it <u>with</u> a hammer.
    　_____

    5. I don't want to live in a world <u>without</u> her.
    　_____

    6. I can't start my work <u>without</u> my computer.
    　_____

- 보기의 밑줄 친 with와 같은 의미로 쓰인 문장을 고르세요.

    > 보기　**Do you know that girl dancing <u>with</u> him?**

    (a) What did you open it <u>with</u>?

    (b) He is in bed <u>with</u> the flu.

    (c) I broke up <u>with</u> my girlfriend.

Point 67
2개 단어가 모인 전치사

두 단어가 결합하여 하나의 전치사로!

out of(~의 바깥으로)처럼 2개의 단어지만 하나의 전치사로 이해하는 것이 좋은 경우가 있습니다. 대표적인 것들을 선별해봤습니다.

(1) according to: ~에 따르면

- **According to Mike, it's a great movie.**
  Mike의 말에 따르면, 그것은 엄청난 영화다.

(2) contrary to: ~와 반대로

- **Contrary to his expectations, she failed again.**
  그의 기대와는 반대로, 그녀는 다시 실패했다.

(3) except for: ~을 제외하고

- **My grades are good, except for math.**
  제 성적은 수학을 제외하고 훌륭합니다.

(4) instead of: ~ 대신에

- **I'll have tea instead of coffee.**
  저는 커피 대신 차를 마시겠습니다.

(5) next to: ~ 옆에

- **Do you know the girl next to that boy?**
  너는 저 소년 옆의 소녀를 아니?

(6) such as: ~ 같은

- **He has many books, such as novels.**
  그는 소설과 같은 많은 책들을 가지고 있다.

Point 68
이 단어들 전체가 전치사야?

셋 이상의 단어가 결합하여 하나의 전치사로!

3개 이상의 단어가 모여 하나의 전치사 역할을 할 수도 있습니다.

(1) as a result of: ~ 때문에, ~의 결과로서

- **As a result of** the accident, he was late for the meeting.
  그 사고 때문에, 그는 그 회의에 늦었다.

(2) by means of: ~에 의해, ~의 수단을 통해

- We express our thought **by means of** words.
  우리는 말을 통해 우리 생각을 표현한다.

(3) for the purpose of: ~을 위하여, ~의 목적을 위하여

- He came here **for the purpose of** meeting me.
  그는 나를 만나기 위하여 여기에 왔다.

(4) in addition to: ~ 말고, ~에 덧붙여

- He speaks 5 languages **in addition to** English.
  그는 영어 외에 언어를 말한다.

(5) in front of: ~의 앞에

- I parked the truck **in front of** your house.
  나는 너의 집 앞에 그 트럭을 주차시켰다.

(6) in terms of: ~의 관점에서

- **In terms of** price, this is the best item.
  가격의 관점에서, 이것이 최고의 물건이다.

연습문제 34

■ 빈칸에 적절한 단어를 쓰세요.

1. According _____ the news, he was released.
   그 뉴스에 따르면, 그는 석방됐다.

2. This is contrary _____ what I expected.
   이것은 내가 예상했던 것과 반대다.

3. Except _____ sleeping, I studied all day.
   잠자는 것을 빼고, 나는 하루 종일 공부했다.

4. She wanted to see him, instead _____ me.
   그녀는 내 대신에 그를 보기 원했다.

5. I don't like to sit next _____ smokers.
   나는 흡연자들 옆에 앉고 싶지 않다.

6. She loves cute things such _____ little cats.
   그녀는 작은 고양이 같은 귀여운 것을 좋아한다.

■ 두 개의 보기 중에서 올바른 것을 고르세요.

1. Prices change [according to / next to] supply and demand.
   가격은 공급과 수요에 따라 변화한다.

2. We use credit cards [instead of / contrary to] cash.
   우리는 현금 대신 신용카드를 사용한다.

3. It can lead to serious diseases [except for / such as] cancer.
   그것은 암과 같은 심각한 병으로 이어질 수 있다.

- 빈칸에 적절한 단어를 쓰세요.

    1. There are many victims _____ a result of the flood.
    그 홍수의 결과로 많은 피해자들이 있다.

    2. The desk was lifted _____ means of a crane.
    그 책상은 크레인에 의해 들어올려졌다.

    3. He borrowed a lot of money _____ the purpose of buying the house.
    그는 그 집을 살 목적으로 많은 돈을 빌렸다.

    4. In addition _____ discounts, we offer a free gift.
    할인뿐만 아니라, 우리는 공짜 선물도 제공한다.

    5. I want to look great in _____ of her.
    나는 그녀 앞에서 멋져 보이고 싶다.

    6. Your report is very good in terms _____ accuracy.
    당신의 보고서는 정확성의 측면에서 매우 훌륭하다.

- 두 개의 보기 중에서 올바른 것을 고르세요.

    1. We live in poverty [as a result of / for the purpose of] losing our jobs.
    우리는 직장을 잃었기 때문에 가난하게 살고 있다.

    2. It is embarrassing to speak in [front / terms] of people.
    사람들 앞에서 말을 하는 것은 당황스럽다.

외우자! be + 형용사 + 전치사

 형용사와 전치사를 묶어서 기억하자!

전치사를 종류별로 묶어서 혹은 하나씩 집중적으로 다뤄봤습니다. 헌데, 전치사가 포함된 관용구들을 공부하는 것도 매우 효과적인 학습법입니다. 우선, 전치사와 친한 형용사들을 소개합니다.

(1) be curious about: ~에 대해 궁금해하다

- **The children are curious about space.**
  그 아이들은 우주에 대해 궁금해한다.

(2) be good[poor] at: ~에 능숙하다[형편없다]

- **I am good[poor] at math.** 나는 수학에 능숙하다[형편없다].

(3) be famous for: ~ 때문에 유명하다

- **The place is famous for its view.**
  그 장소는 전망 때문에 유명하다.

(4) be different from: ~과 다르다

- **She is quite different from her mother.**
  그녀는 그녀의 어머니와 꽤 다르다.

(5) be tired of: ~이 싫증난다

- **I am tired of long flight.** 나는 긴 비행이 지겹다.

(6) be pleased with: ~에 만족하다, 기뻐하다

- **We are pleased with the result.** 우리는 그 결과에 만족한다.

우린 친구! 동사 + 전치사

 동사와 전치사를 묶어서 기억하자!

동사와 어울리는 전치사를 공부하는 것도 좋습니다. look만 하더라도, look at(~을 보다), look for(~을 찾다), look like(~과 닮다) 등에서처럼 다양한 전치사와 어울립니다. 아래는 대표적인 〈동사 + 전치사〉입니다.

(1) ask for: ~을 요청하다

- **May I ask for your advice?** 당신의 충고를 요청해도 될까요?

(2) depend on: ~에 의존하다

- **Our future depends on science.** 우리의 미래는 과학에 달려 있다.

(3) consist of: ~로 구성되다

- **This book consists of 15 chapters.**
  이 책은 15개의 장으로 구성되어 있다.

(4) go through: ~을 겪다, 경험하다

- **You should go through a training program.**
  여러분은 훈련 프로그램을 통과해야 합니다.

(5) listen to: ~을 듣다

- **Sit down and listen to my story.** 앉아서 내 이야기를 들어라.

(6) deal with: ~을 다루다, 처리하다

- **Deal with more important matters.**
  보다 중요한 문제들을 처리해라.

연습문제 35

■ 빈칸에 적절한 단어를 쓰세요.

1. Babies are curious _____ everything around them.
   아기들은 자기 주변의 모든 것에 호기심을 느낀다.

2. Lisa is good _____ reading my mind.
   Lisa는 내 마음을 읽는 데 뛰어나다.

3. He is an actor famous _____ his good look.
   그는 훌륭한 외모로 유명한 배우다.

4. This car is very different _____ ordinary cars.
   이 차는 보통의 차들과 매우 다르다.

5. I'm tired _____ doing the same thing every day.
   나는 매일 똑같은 일을 하는 것이 지겹다.

6. My boss was very pleased _____ my work.
   나의 사장은 내 일에 매우 만족했다.

■ 두 개의 보기 중에서 올바른 것을 고르세요.

1. Even though you are poor [at / of] memorizing, you don't need to worry.
   비록 암기를 잘 못하더라도 걱정할 필요 없다.

2. Frida Kahlo was famous [for / with] her imaginative paintings.
   Frida Kahlo는 그녀의 상상력 넘치는 그림들로 유명했다.

- 빈칸에 적절한 단어를 쓰세요.

  1. Have you ever asked _____ a raise?
     너는 임금 인상을 요구했던 적 있니?

  2. Many insects depend _____ plants for survival.
     많은 곤충들은 생존을 위해 식물에 의존한다.

  3. Living things consist _____ cells.
     생명체들은 세포로 구성되어 있다.

  4. You will go _____ a lot of hardships.
     우리는 많은 역경들을 겪게 될 것이다.

  5. I changed a lot after I listened _____ your lecture.
     나는 당신의 강의를 들은 뒤로 많이 변화했습니다.

  6. They are dealing _____ the issue satisfactorily.
     그들은 그 문제를 만족스럽게 처리하고 있다.

- 두 개의 보기 중에서 올바른 것을 고르세요.

  1. Their diet consisted mainly [of / with] meat and vegetable.
     그들의 식사는 주로 고기와 채소로 구성되어 있다.

  2. They depend heavily [for / on] tourism for their income.
     그들은 그들의 수입을 위해 관광에 매우 많이 의존한다.

우리도 친구! 명사 + 전치사

 명사와 전치사를 묶어서 기억하자!

이제 특정 전치사와 어울리는 명사를 다뤄보겠습니다.

(1) concern about: ~에 대한 걱정

- She has a lot of concern about her daughter's health.
  그녀는 딸의 건강에 대해 많은 걱정을 한다.

(2) reason for: ~의 이유

- Please give me a reason for your decision.
  당신의 결정에 대한 이유를 제게 말해주세요.

(3) increase in: ~의 증가

- We are concerned about an increase in pollution.
  우리는 오염의 증가에 대해 걱정하고 있다.

(4) effect on: ~에 미치는 영향

- The news had a strong effect on people.
  그 뉴스는 사람들에게 강한 영향을 미쳤다.

(5) reaction to: ~에 대한 반응

- What was her reaction to your question?
  너의 질문에 대한 그녀의 반응이 무엇이었니?

(6) problem with: ~와의 문제

- I have no problem with reading.
  나는 글 읽기에 아무런 문제가 없다.

전치사 + 명사 한 덩어리

 전치사 + 명사 관용구

마지막으로, 주로 부사구나 형용사구 역할을 하는 〈전치사 + 명사〉를 소개합니다.

(1) by accident: 우연히

- **She met him by accident.** 그녀는 그를 우연히 만났다.

(2) for free: 공짜로

- **Here you can use the Internet for free.**
  여기서는 공짜로 인터넷을 이용할 수 있다.

(3) in detail: 자세하게

- **Please tell me the situation in detail.**
  그 상황을 내게 더 자세히 설명해주세요.

(4) of value: 가치 있는

- **This jewel is of great value.** 이 보석은 굉장한 가치가 있다.

(5) with ease: 쉽게

- **They won the game with ease.** 그들은 그 경기를 쉽게 이겼다.

(6) without doubt: 확실히, 의심의 여지없이

- **She is without doubt the best actress.**
  그녀는 확실히 최고의 여배우다.

연습문제 36

■ 빈칸에 적절한 단어를 쓰세요.

1. I understand your concern _____ high unemployment rates.
   나는 높은 실업률에 대한 당신의 걱정을 이해한다.

2. The first reason _____ my change of mind is this.
   내 마음이 바뀐 것의 첫 번째 이유는 이것이다.

3. This led to an increase _____ the number of tourists.
   이것은 관광객들 수의 증가로 이어졌다.

4. Parents have a great influence _____ their kids.
   부모들은 자녀에 엄청난 영향을 끼친다.

5. People's reaction _____ the film has varied greatly.
   그 영화에 대한 사람들의 반응은 매우 다양했다.

6. I'm having some trouble _____ my computer.
   나는 요즘 내 컴퓨터에 문제를 조금 가지고 있다.

■ 두 개의 보기 중에서 올바른 것을 고르세요.

1. I don't have any solution [to / on] the problem.
   나는 그 문제에 대한 아무런 해결책이 없다.

2. There is a steady decrease [about / in] the population of the developed world.
   선진국 세계 인구의 점진적인 감소가 있다.

- 빈칸에 적절한 단어를 쓰세요.

    1. Many discoveries were made _____ accident.
       많은 발견들은 우연히 이뤄졌다.

    2. How can you expect people to work _____ free?
       너는 어떻게 사람들이 공짜로 일해주기를 기대할 수 있니?

    3. He prepared everything _____ detail.
       그는 모든 것을 자세하게 준비했다.

    4. This is a picture _____ no value.
       이것은 아무 가치가 없는 그림이다.

    5. People can communicate by telephone _____ ease.
       사람들은 쉽게 전화로 의사소통할 수 있다.

    6. _____ doubt, the small island belongs to Korea.
       의심의 여지 없이, 그 작은 섬은 한국에 속한다.

- 두 개의 보기 중에서 올바른 것을 고르세요.

    1. I got to sleep [with / without] difficulty last night.
       나는 지난밤에 어렵게 잠들었다.

    2. To talk about that matter is [in / of] little use.
       그 문제에 대해 얘기하는 것은 거의 소용이 없는 일이다.

    3. I put out the candle [by / for] mistake.
       나는 실수로 그 촛불을 꺼버렸다.

접속사

문장이 길어집니다. 이해가 잘 안 됩니다. 영어가 어려워집니다. 이 사태에 도달케 한 여러 주범 중 하나는 단연코 접속사일 겁니다. 헌데, 그 주범을 알았으니 거꾸로 해법을 찾은 것이 또 아닐까요? 접속사(接續詞)는 접속, 즉 연결을 해준다는 것입니다. 곧 살펴보겠지만 접속사는 단어와 단어, 단어들과 단어들을 연결해줍니다. 문장 형태의 긴 덩어리를 연결할 때 특별히 주의해야 하겠습니다. 접속사별로 그 쓰임과 뜻을 알아둔다면, 이제 길고 어려운 문장들도 거칠 것이 전혀 없을 겁니다.

Chapter 6

Point 73
균형의 추, 등위접속사

 and, but, or

접속사 중 가장 기본적인 것이 바로 이 등위접속사입니다. 좌우의 단어와 단어, 구절과 구절을 대등하게 연결한다고 해서 붙은 이름이랍니다.

(1) and: 그리고

- **I can sing and dance.**
  나는 노래도 부르고 춤도 출 수 있다. (단어와 단어를 연결)

- **Listening to music and playing PC games are my hobbies.**
  음악 듣기와 PC 게임하기는 나의 취미다. (구와 구를 연결)

- **He shouted at her and she cried.**
  그는 그녀에게 소리를 질렀고, 그녀는 울었다. (절과 절을 연결)

  * 구와 절: 단어들의 덩어리로서 주어와 동사가 포함돼 있으면 절, 그렇지 않으면 구라고 합니다.

(2) but: 그러나

- **I'm sorry but I can't tell you.**
  죄송합니다만, 당신에게 말씀드릴 수 없습니다.

(3) or: 또는

- **We can see it at night or in the early morning.**
  우리는 그것을 밤에 또는 아침 일찍 볼 수 있다.

짜장면 짬뽕 둘 다 먹고 싶다?

상관접속사의 종류

중국집에 가면 늘 고민하게 되는 '짜장면? 짬뽕?' 딜레마를 해결해준 것이 '짬짜면'임을 다들 알고 계실 겁니다. 짜장면과 짬뽕 둘 다 먹고 싶은 욕구를 채워준 짬짜면처럼, A와 B 둘 다를 강조할 때 A and B 앞에 both를 붙여버리면 됩니다. 이렇듯 두 개의 관계를 다루는 접속사를 상관접속사라 합니다.

(1) both A and B: A와 B 둘 다

- **Both** Sally **and** Jane are pretty.
  Sally와 Jane 둘 다 예쁘다.

(2) either A or B: A와 B 둘 중 하나

- Please answer with **either** yes **or** no.
  예 혹은 아니오로 대답해주세요.

(3) neither A nor B: A와 B 둘 다 아닌

- He **neither** ate **nor** drank for days.
  그는 며칠 동안 먹지도 마시지도 않았다.

(4) not A but B: A가 아니라 B

- It's **not** I **but** you that are wrong.
  틀린 건 내가 아니라 너라고.

(5) not only A but also B: A뿐 아니라 B도 또한

- This place is **not only** quiet **but also** cozy.
  이 곳은 조용할 뿐 아니라 아늑하기도 하다.

연습문제 37

■ 밑줄 친 등위접속사에 유의하여 다음 문장을 우리말로 옮기세요.

1. She enjoys swimming <u>and</u> running.
   _____

2. She studied hard <u>and</u> she did well on the test.
   _____

3. My grandfather is very old, <u>but</u> he is healthy.
   _____

4. I am hungry, <u>but</u> I don't have time for lunch.
   _____

5. I can watch the movie today <u>or</u> tomorrow.
   _____

■ 우리말과 같은 뜻이 되도록 빈칸에 적절한 등위접속사를 쓰세요.

1. 그들은 카페에서 샌드위치와 커피를 주문했다.
   They ordered sandwiches _____ coffee at the cafe.

2. 이 드레스는 아름답지만 너무 비싸다.
   This dress is beautiful _____ too expensive.

3. 우리는 해변이나 수영장에 갈 수 있다.
   We can go to beach _____ swimming pool.

4. 내 차가 고장 났지만, 나는 고치는 방법을 모른다.
   My car is broken _____ I don't know how to fix it.

- 밑줄 친 상관접속사에 유의하여 다음 문장을 우리말로 옮기세요.

    1. <u>Both</u> apples <u>and</u> oranges are delicious.
    _____

    2. You can <u>either</u> take a bus <u>or</u> go on foot.
    _____

    3. We have <u>neither</u> time <u>nor</u> money.
    _____

    4. We did<u>n't</u> play games <u>but</u> went shopping.
    _____

    5. I <u>not only</u> write books <u>but also</u> sell them.
    _____

- 우리말과 같은 뜻이 되도록 빈칸을 채우세요.

    1. 그는 책뿐 아니라 펜도 잃어버렸다.

        He lost _____ his book _____ his pen.

    2. 그녀는 영어와 한국어 둘 다 말할 수 있다.

        She can speak _____ English _____ Korean.

    3. 그 사탕은 달콤하지도 시지도 않다.

        The candy is _____ sweet _____ sour.

    4. 우리는 수학 또는 과학 둘 중의 하나를 공부해야 한다.

        We must study _____ math _____ science.

Point 75
왼손엔 포크, 오른손엔 딱풀?

 병렬 구조

모처럼 분위기를 잡고 고기를 썰어볼까 합니다. 왼손엔 포크, 오른손엔 딱풀? 그럴듯한 모습입니다. 헌데, 이 상황에서 오른손에 딱풀이 들려 있다면 우스꽝스럽겠죠? 그건 좌우 균형이 맞지 않아서입니다. 등위접속사와 상관접속사의 경우도 좌우 균형을 잘 맞춰줘야 합니다. 이를 병렬이라고 합니다. 단어의 종류(품사)와 역할(문장 성분)을 고려해서 말입니다.

- **You can buy strawberries or sweet.** (X)
  당신은 딸기 또는 달콤한을 살 수 있다.

  You can buy <u>strawberries</u> or <u>grapes</u>. (O)
  당신은 딸기 또는 포도를 살 수 있다.
  → 등위접속사 or의 좌우가 대칭인지를 본다. strawberries는 명사인데 sweet은 형용사다.

- **Annie is not talk but shy.** (X)
  Annie는 말하다가 아니라 수줍음이 많다.

  Annie is not <u>talkative</u> but <u>shy</u>. (O)
  Annie는 수다스럽지 않고 수줍음이 많다.
  → 상관접속사 not A but B의 A와 B에는 is에 어울리는 형용사가 오는 것이 좋다. talk는 동사다.

- **He is <u>healthy</u> and <u>handsome</u>.** (형용사 + 형용사)
  그는 건강하고 잘생겼다.

- **He <u>is</u> healthy and <u>runs</u> fast.** (동사 + 동사)
  그는 건강하고 빨리 달린다.

- **<u>He is heathy</u> and <u>his wife is pretty</u>.** (문장 + 문장)
  그는 건강하고 그의 아내는 예쁘다.

Point 76
문장 앞에 접속사 that을 붙여봐!

that으로 명사절 만들기

하나의 실험을 해볼까 합니다. 아무 문장이나 그 앞에 접속사 that을 붙여봅시다. 예를 들어,

> **He likes books.** 그는 책을 좋아한다.
>
> **that he likes books** 그가 책을 좋아한다는 것

문장 앞에 that을 붙이면, 하나의 명사 덩어리, 즉 명사절이 탄생합니다.

- **Tom tells me that he likes books.** (목적어)
- = **Tom tells me Φ he likes books.**
  Tom은 내게 자신이 책을 좋아한다고 말한다.
  (that절은 목적어일 때, that을 생략할 수 있습니다.)

- **I am sure (that) he likes books.** (목적어)
  나는 그가 책을 좋아한다고 확신한다.

- **The problem is that she doesn't like books.**
  문제는 그녀가 책을 좋아하지 않는다는 것이다. (주격보어)

- **That he likes books is surprising.** (주어)
- = **It is surprising that he likes books.**
  그가 책을 좋아한다는 것은 놀랍다.
  (that절이 주어일 때, 가주어 it을 대신 앞에 놓고 that절은 뒤로 가는 것이 일반적입니다.)

연습문제 38

- 괄호 안의 단어의 올바른 형태를 빈칸에 쓰세요.

  1. My hobbies are cooking and _____. (sing)
     내 취미는 요리하기와 노래 부르기다.

  2. You have to either study or _____. (working)
     당신은 공부를 하거나 일을 해야 한다.

  3. He is not a singer but an _____. (act)
     그는 가수가 아니라 배우다.

  4. He is not only wise but also _____. (courage)
     그는 똑똑할 뿐 아니라 용감하다.

- 두 개의 보기 중에서 올바른 것을 고르세요.

  1. He looked tired and [ill / illness].
     그는 피곤하고 아파 보였다.

  2. We study in the evening or [night / at night].
     우리는 저녁에 혹은 밤에 공부한다.

  3. 그는 학교까지 택시를 타거나 운전해서 갈 수 있다.
     He can take a taxi or [drive / driving] to school.

  4. 공포 영화는 무서울 뿐 아니라 재미있다.
     Horror movies are not only scary but also [humor / humorous].

  5. 그는 집에 가지 않고 학교에 남아 있었다.
     He didn't go home but [stay / stayed] at school.

- 밑줄 친 접속사 that에 유의하여 다음 문장을 우리말로 옮기세요.

  1. Remember <u>that</u> I love you.
     _____

  2. I'm worried <u>that</u> he drinks too much.
     _____

  3. The good news is <u>that</u> the students are alive.
     _____

  4. It was strange <u>that</u> there was no one in the room.
     _____

  5. I learned <u>that</u> snakes are dangerous animals.
     _____

  6. The problem is <u>that</u> we cannot see each other for long.
     _____

- 밑줄 친 that절의 전체 문장 내 역할에 대해 말하세요.

  1. The teacher says <u>that the test will be very hard</u>.
     선생님은 그 시험이 매우 어려울 것이라고 말씀하신다.
     (   )

  2. It is true <u>that the sun rises in the east</u>.
     태양이 동쪽에서 뜬다는 것은 사실이다.
     (   )

  3. The point of this book is <u>that we should love ourselves</u>.
     이 책의 요점은 우리가 우리 자신을 사랑해야 한다는 것이다.
     (   )

Point 77
접속사 whether는 인지 아닌지

whether로 명사절 만들기

실험을 한 번 더 해볼까 합니다. 이번에는 아무 문장이나 그 앞에 whether를 붙여봅니다. 그 결과는?

> **He likes books.** 그는 책을 좋아한다.
> **that he likes books** 그가 책을 좋아한다는 것
> **whether he likes books** 그가 책을 좋아하는지 아닌지

whether절은 that절처럼 명사 덩어리(명사절)를 만들고 뜻에서 차이를 보일 뿐입니다.

- **I wonder whether he likes books.** (목적어)
  = I wonder whether he likes books <u>or not</u>.
  = I wonder whether <u>or not</u> he likes books.
  = I wonder if he likes books.
  나는 그가 책을 좋아하는지 아닌지 궁금하다.
  (whether는 바로 뒤 혹은 이끄는 절 마지막에 or not이 잘 붙습니다. 동사의 목적어 자리일 때, whether 대신 if를 쓸 수 있습니다. 이때 if의 의미는 '만약 ~라면'이 아니라 whether처럼 '~인지 아닌지'입니다.)

- **Whether my baby is a girl or boy is not important.** (주어)
  내 아기가 딸인지 아들인지는 중요하지 않습니다.

- **The question is whether he passes the exam.** (보어)
  문제는 그가 시험을 통과하느냐 못하느냐이다.

Point 78

문장 속에 들어간 wh-의문문

의문사로 명사절 만들기

의문사로 시작하는 의문문은 매우 익숙합니다. 그런데, 그 의문문을 다른 문장 속에 집어넣어본다면 어떨까요? that절이나 whether절처럼 의문사로 시작하는 명사절을 만들어볼 수 있지 않을까요?

> **Who loves you?** 누가 너를 사랑하니?
>
> **Do you know who loves you?**
>
> 누가 너를 사랑하는지 너는 아니? (동사 know의 목적어)

위 예문처럼 다른 문장 속에 들어가 있는 의문문을 간접의문문이라고 합니다. 전체 문장 속에서 명사의 역할(주어, 목적어, 보어)을 맡습니다.

주의할 점은 단어의 순서입니다. 간접의문문에서는 〈주어 + 동사〉의 순서가 되도록 단어들의 위치가 조정됩니다. 뒤집혔던 위치(도치)가 바로 잡힌다는 의미에서 '정치'라고도 합니다.

- What does he love? (의문사+조동사+주어+본동사 — 도치)
  그는 무엇을 사랑하는가?
  I'll ask him what he loves. (의문사+주어+동사 — 정치)
  나는 그에게 무엇을 사랑하는지 물어볼 것이다.
- I didn't know how much he loved me.
  나는 그가 나를 얼마나 많이 사랑하는지 알지 못했다.
- I wonder where my keys are.
  나는 내 열쇠가 어디 있는지 궁금하다.

아하~! 그렇구낭

- 밑줄 친 접속사 whether에 유의하여 다음 문장을 우리말로 옮기세요.

    1. I don't know <u>whether</u> she likes cats.
    _____

    2. I am not sure <u>whether</u> she likes cats.
    _____

    3. The question is <u>whether</u> she likes cats.
    _____

    4. <u>Whether</u> she likes cats is uncertain.
    _____

- 두 개의 보기 중에서 올바른 것을 고르세요.

    1. I want to know [that / whether] he will go to the party.
    나는 그가 그 파티에 갈 것인지 아닌지 알고 싶다.

    2. The teacher asked students [that / if] they were studying hard.
    그 교사는 학생들에게 공부를 열심히 하고 있는지 물었다.

    3. I wonder whether it will snow [and / or] not.
    눈이 내릴지 안 내릴지 궁금하다.

    4. The question is [whether / if] Tom will come back.
    문제는 Tom이 돌아올 것이냐 아니냐다.

    5. Scientists discovered [that / whether] there was water on the planet.
    과학자들은 그 행성에 물이 있다는 것을 발견했다.

- 밑줄 친 의문사에 유의하여 다음 문장을 우리말로 옮기세요.

    1. I wonder <u>who</u> will win this game.
    _____

    2. I don't know <u>what</u> he is doing now.
    _____

    3. He asked her <u>where</u> his bags were.
    _____

    4. Do you know <u>why</u> he is always late?
    _____

    5. I have no idea of <u>how</u> he solved it.
    _____

- 두 개의 보기 중에서 올바른 것을 고르세요.

    1. We have not decided [who / when] we will have a party.
    2. I will tell you [how / what] my hobby is.
    3. How many books [did he write / he wrote] is not known.
    4. I wonder [who / why] is responsible for the accident.
    5. It is a mystery why [he ran / did he run] out of the room.
    6. Everybody asks me [what does my father do / what my father does].

Point 79
너를 처음 만났을 '때'

when

문장과 문장을 이어주되, 뒤에 이끄는 문장을 부사절로 만들어주는 접속사들이 있습니다. when(~ 때)은 시간 부사절을 이끄는 가장 대표적인 접속사입니다. 부사절의 위치는 부사가 그렇듯이 앞이나 뒤 모두에 위치할 수 있습니다.

- **He ran away then.**(부사)
  그는 그때 달아났다.

- **He ran away some time later.**(부사구)
  그는 얼마 뒤 달아났다.

- **He ran away when he saw the ghost.**(부사절)
  = **When he saw the ghost, he ran away.**
  그는 그 유령을 보았을 때 달아났다.

그 외의 시간 부사절 접속사

when 이외의 시간 부사절 접속사로는 아래와 같은 것들이 있습니다.

- **I ate up the cake before he came.** (~ 전에)
  = **Before he came, I ate up the cake.**
  그가 오기 전에 나는 그 케이크를 다 먹었다.

- **After she finished high school, she traveled to Paris.** (~ 후에)
  고등학교를 마친 뒤에 그녀는 파리로 여행을 갔다.

- **Please call me as soon as[the moment] you know the result.** (~하자마자)
  결과를 알자마자 제게 전화해주세요.

- **My family lived in Germany until[till] I was seven.** (~까지)
  우리 가족은 내가 일곱 살이 될 때까지 독일에 살았다.

Point 80
너를 사랑하기 '때문에'

because

이유 부사절을 이끄는 접속사 중 가장 대표적인 것은 because(~ 때문에)입니다. 원인 문장 앞에 붙어 결과의 문장과 연결됩니다.

- I was late because I missed the bus.
  = Because I missed the bus, I was late.
  나는 버스를 놓쳤기 때문에 늦었다.

- Don't ignore me because I am young.
  제가 어리다고 저를 무시하지 마세요.

그 외의 이유 부사절 접속사

because 외에 as, since, now that도 자주 쓰이는 이유 부사절 접속사입니다.

- As she fears water, she doesn't swim.
  = She doesn't swim, as she fears water.
  그녀는 물을 무서워하기 때문에, 수영을 하지 않는다.

- I will hire him, since he is competent.
  = Since he is competent, I will hire him.
  그는 능력이 있기 때문에 나는 그를 고용할 것이다.

- I'm not worried, now that you're here.
  = Now that you're hear, I'm not worried.
  네가 여기 있기 때문에, 나는 걱정이 안 된다.

연습문제 40

■ 밑줄 친 접속사에 유의하여 다음 문장을 우리말로 옮기세요.

1. I feel happiest <u>when</u> I see you smile.
   _____

2. You should brush your teeth <u>before</u> you go to bed.
   _____

3. What will you do <u>after</u> you graduate?
   _____

4. We could not enter the room <u>until</u> he arrived.
   _____

5. <u>As soon as</u> I meet him, I'll tell him the truth.
   _____

■ 두 개의 보기 중에서 올바른 것을 고르세요.

1. He always asks for my advice [before / that] he does anything.
   그는 어떤 것이든 하기 전에 늘 내 충고를 요청한다.

2. We can watch TV [before / after] we finish our homework.
   우리는 우리의 숙제를 끝낸 후에 TV를 볼 수 있다.

3. [As soon as / Until] we saw her, everyone realized that she had changed her hair style.
   그녀를 보자마자 모든 사람이 그녀가 헤어스타일을 바꿨음을 깨달았다.

- 밑줄 친 접속사에 유의하여 다음 문장을 우리말로 옮기세요.

  1. The picnic was canceled <u>because</u> it rained a lot.
     _____

  2. <u>Because</u> he missed a bus, he was late for the meeting.
     _____

  3. Don't treat me unfairly <u>because</u> I'm a woman.
     _____

  4. <u>As</u> I don't know her phone number, I cannot contact her.
     _____

  5. <u>Now that</u> you see a doctor, you don't need to worry.
     _____

- 두 개의 보기 중에서 올바른 것을 고르세요.

  1. I can't go out [because / that] I'm busy this afternoon.
     나는 오늘 오후 바빠서 나갈 수가 없다.

  2. [As / Until] it was getting dark, we returned home.
     날이 어두워지고 있었기 때문에, 집으로 돌아왔다.

  3. [Since / Whether] you look tired, you had better take a rest.
     당신은 피곤해 보이니까 쉬는 것이 낫겠다.

  4. [Now that / That] the court is dry, let's play tennis.
     이제 코트가 말랐으니까 테니스를 치자.

Point 81
네가 다시 돌아온다'면'

if, unless, as long as

if(만약 ~라면)는 대표적인 조건 부사절 접속사입니다. 그 외 조건 부사절 접속사로 unless(~가 아니라면)와 as long as(~인 한)가 있습니다.

- You may use my pen **if** you like.
  = **If** you like, you may use my pen.
  네가 좋다면 내 펜을 사용해도 돼.

- I can't hear you **unless** you turn down the radio.
  = I can't hear you **if** you don't turn down the radio.
  네가 라디오 소리를 줄이지 않는다면 네 말을 들을 수 없다.

- **As long as** you are healthy, age is just a number.
  당신이 건강한 한, 나이는 숫자에 불과하다.

> 특히 주의할 것은 if 부사절(만약 ~라면)과 if 명사절(~인지 아닌지)을 구별해야 한다는 것입니다. 우리말 해석도 다르지만, 전체 문장 안에서의 역할도 다릅니다.
>
> · If you like it, I'll cook it for you.
>   = I'll cook it for you, if you like it. (조건 부사절)
>   네가 그것을 좋아한다면, 나는 너를 위해 그것을 요리할 것이다.
>
> · I wonder if you like it.
>   나는 네가 그것을 좋아하는지 아닌지 궁금하다. (명사절)

Point 82
널 사랑함에도 '불구하고'

 though, although, even though

살다 보면 모순적으로 보이는 현상을 곧잘 마주합니다. 잘생겼는데도 인기가 없다든지, 공부를 별로 안 했는데도 성적이 올라간다든지. 이럴 때 though를 비롯한 양보 부사절 접속사를 이용하여 문장을 만들 수 있습니다. 여기서 얘기하는 '양보'는 한국어로 '~에도 불구하고, ~일지라도'를 가리키는 말로 이해하시면 편합니다.

- **Though** he is old, he is quite strong.
  = He is quite strong, **though** he is old.
  = He, **though** he is old, is quite strong.
  그는 늙었을지라도 꽤 힘이 세다.

though 대신 although나 even though를 사용할 수 있습니다.

- **Although** it was true, they didn't believe it.
  = They didn't believe it, **although** it was true.
  그것이 사실이었음에도 불구하고 그들은 그것을 믿지 않았다.

- **Even though** they are poor, they seem happy.
  = They seem happy, **even though** they are poor.
  그들은 가난할지라도 행복해 보인다.

연습문제 41

- 밑줄 친 접속사에 유의하여 다음 문장을 우리말로 옮기세요.

    1. Anyone can become rich <u>if</u> he or she works hard.
       _____

    2. This work will not be done <u>unless</u> you help me.
       _____

    3. Any movie will be good <u>as long as</u> it is exciting.
       _____

- 다음 밑줄 친 if절의 의미를 구별하세요.

    1. ① We'll help you <u>if you ask us</u>. (   )

       ② She asked the doctor <u>if he would die</u>. (   )

    2. ① I am not sure <u>if this is the best way</u>. (   )

       ② <u>If what he said is true</u>, I'll support him. (   )

- 두 개의 보기 중에서 올바른 것을 고르세요.

    1. She will not forgive him [if / unless] he apologizes.
       그가 사과를 하지 않는다면 그녀는 그를 용서하지 않을 것이다.

    2. Nothing will happen as [long / soon] as you follow me.
       네가 나를 따르는 한 아무 일도 일어나지 않을 것이다.

    3. You should go to Paris [if / unless] you want to be an artist.
       예술가가 되고 싶다면 너는 파리에 가는 것이 좋다.

■ 밑줄 친 접속사에 유의하여 다음 문장을 우리말로 옮기세요.

1. <u>Though</u> he was far away, I wanted his help.
   _____

2. My mom told me to study <u>although</u> I didn't want to.
   _____

3. I understand you <u>even though</u> I am too young.
   _____

■ 두 개의 보기 중에서 올바른 것을 고르세요.

1. The trees could not survive, [because / though] he took great care of them.
   그가 나무들을 잘 돌봤음에도 불구하고, 그 나무들은 살아남을 수 없었다.

2. Even though he has lied to me, I still [hate / love] him.
   비록 그가 내게 거짓말을 했음에도 불구하고, 나는 여전히 그를 사랑한다.

3. John was criticized for the accident, [although / if] it was not actually his fault.
   그것은 실제로 John의 잘못이 아니었음에도 불구하고, 그는 그 사건 때문에 비난을 받았다.

4. We failed to win the game, [though / since] we tried our best.
   우리는 최선을 다했음에도 불구하고 그 경기에서 승리하지 못했다.

so와 that, 붙어? 말아?

so ~ that은 결과나 정도

일상생활에서 '매우 피곤해.' 혹은 '매우 배고파.'는 흔한 말입니다. 거기서 끝나지 않고 '매우 피곤해서 일찍 잤어.'라거나 '돌이라도 씹어 먹을 정도로 매우 배고파.'처럼 상태와 함께 그 정도나 결과까지 함께 말할 때가 있습니다. 이럴 때 이용하는 표현이 〈so + 형용사[부사] + that절〉입니다.

- **I was so tired that I went to bed early.**
  나는 매우 피곤해서 일찍 자러 갔다.

- **She is so hungry that she could eat a horse.**
  그녀는 배가 매우 고파 말까지 잡아먹을 수 있을 정도다.

so that은 목적

이 표현을 so와 that이 바로 붙어 있는 so that ~과 구별하셔야 합니다. 이것의 의미는 목적(~하기 위하여)입니다.

- **He went to America so that he could study art.**
  그는 예술을 공부하기 위해 미국에 갔다.

- **She swims every day so that she can be healthy.**
  그녀는 건강해지기 위해 매일 수영을 한다.

한편, so that 앞에 콤마(,)가 있을 때가 있습니다. 이때 〈, so that〉은 '그래서'라고 해석합니다.

- He studied harder, so that he didn't fail again.
  그는 더 열심히 공부했고, 그래서 그는 다시 실패하지 않았다.

Point 84
since의 뜻은 두 개랍니다

 '~ 이후'와 '~ 때문에'

하나의 단어가 여러 가지 뜻을 가지고 있는 경우가 있고, 그 단어는 맥락에 맞게 해석하고 이해해야 합니다. 접속사도 여러 뜻을 가지고 있어 구별해야 하는 경우가 있습니다. 부사절 접속사 since도 그러한데, '~ 이후, ~이래로'(시간) 외에 '~ 때문에'(이유)의 뜻이 있습니다.

- It is a year since I left home.
  내가 집을 떠난 이후 1년이 흘렀다.

- I have known him since he was a boy.
  나는 그가 소년이었을 때 이래로 그를 알고 있었다.

- Since I saw her yesterday, I couldn't forget her. (접속사)
  그녀를 어제 본 이후로, 나는 그녀를 잊을 수 없었다.

  = Since yesterday, I couldn't forget her. (전치사)
    어제 이후로, 나는 그녀를 잊을 수 없었다.
    ('~ 이후'의 뜻일 때, since가 전치사로서 뒤에 명사만 올 때도 있습니다.)

- Since he is big, the boy also eats a lot.
  그 소년은 크기 때문에, 또한 많이 먹는다.

- Since you are my friend, I am happy.
  네가 내 친구이기 때문에, 나는 행복하다.

- I was embarrassed since I couldn't swim.
  나는 수영을 할 수 없었기 때문에 당황했다.

연습문제 42

- 빈칸에 들어갈 적절한 단어를 보기에서 골라 쓰세요.

  > 보기   dark   deep   delicious   drunk

  1. I was so _____ that I could not walk.
     나는 너무 취해서 걸을 수도 없는 정도였다.

  2. The ocean is so _____ that it is too dangerous to swim there.
     그 바다는 너무 깊어서 거기에서 수영하는 것은 너무 위험하다.

  3. It is so _____ that I cannot see my hand before me.
     너무 어두워서 나는 내 앞의 손도 볼 수 없다.

  4. The food was so _____ that all my friends enjoyed it.
     그 음식은 매우 맛있어서 내 모든 친구들은 그것을 즐겼다.

- 두 개의 보기 중에서 올바른 것을 고르세요.

  1. He walked [fast so / so fast] that I couldn't follow him.
     그가 너무 빨리 걸었기 때문에 나는 그를 따를 수 없었다.

  2. The cook uses good ingredients [that / so that] we can stay healthy.
     그 요리사는 우리가 건강을 유지할 수 있도록 좋은 재료를 이용한다.

  3. The room looked warm [, so that / so that] we entered it.
     그 방은 따뜻해 보였고, 그래서 우리는 거기에 들어갔다.

  4. She set the alarm clock [so that / that so] she won't be late.
     그녀는 늦지 않으려고 알람시계를 설정했다.

- 밑줄 친 since의 두 가지 뜻에 유의하여 다음 문장을 우리말로 옮기세요.

    1. This is his best selling book <u>since</u> he started writing.
    _____

    2. He liked to visit the forest, <u>since</u> it was quiet.
    _____

    3. <u>Since</u> it is dangerous, you should be careful when cooking with fire.
    _____

    4. <u>Since</u> that day, I have never smoked.
    _____

    5. <u>Since</u> I was little, I was raised by my grandmother.
    _____

- 보기의 밑줄 친 since와 같은 의미로 쓰인 문장을 고르세요.

    > 보기 He wanted to leave his hometown, <u>since</u> it was too far away from cities.

    (a) She ate Korean food for the first time <u>since</u> she came to America.

    (b) He worked in the car company ever <u>since</u> he graduated from high school.

    (c) Everyone had to stay in the hotel during the vacation <u>since</u> it rained heavily.

Point 85
while의 뜻도 두 개랍니다

~ 동안

부사절 접속사 while도 여러 가지 뜻을 가진 접속사로 유명합니다. 가장 많이 쓰이는 뜻은 '~ 동안'입니다.

- **Don't talk to me while I am studying.**
  내가 공부를 하고 있는 동안에는 말을 걸지 마라.

- **Please look after the baby while I'm away.**
  내가 없는 동안 그 아기를 돌봐주세요.

- **While you were asleep, she called.**
  네가 잠을 자고 있는 중에, 그녀가 전화했다.

~인 반면

내용상 서로 반대되는 2개의 절 가운데 위치하는 while은 '반면에'라는 뜻입니다. 또 문장 앞에 올 때 '~이지만'으로 해석하는 경우도 있습니다.

- **His father was a teacher, while his mother was a model.**
  그의 아버지는 선생이었고, 한편 그의 어머니는 모델이었다.

- **Some people like summer, while others don't.**
  일부 사람들은 여름을 좋아하는 반면, 다른 사람들은 그렇지 않다.

- **While they have many libraries, we have none.**
  그들은 많은 도서관을 갖고 있지만, 우리는 하나도 없다.

팔색조 접속사 as

 as의 다섯 가지 뜻

여러 가지 뜻을 가진 접속사로 as를 따라올 만한 것이 없답니다. 그래서 as만 나오면 어떤 의미로 해석해야 할지 고민에 빠질 수도 있습니다. 그러나 일단 다음 다섯 가지만 알면 충분합니다.

(1) ~ 때 (= when)

- He shouted at me as I left the room.
  = As I left the room, he shouted at me.
  내가 그 방을 떠날 때 그는 내게 소리를 쳤다.

(2) ~ 때문에 (= because)

- As he studied hard, he passed the exam.
  = He passed the exam, as he studied hard.
  그는 열심히 공부했기 때문에 그는 시험을 통과했다.

(3) ~수록

- As she grew older she got poorer.
  그녀는 나이를 먹을수록 더 가난해졌다.

(4) ~대로, ~처럼

- As you know, she is very pretty.
  네가 알고 있는 것처럼, 그녀는 매우 예쁘다.

(5) ~일지라도 (= though)

- Strange as it may sound, the story is true.
  이상하게 들릴지라도, 그 이야기는 사실이다.

연습문제 43

- 밑줄 친 while의 두 가지 뜻에 유의하여 다음 문장을 우리말로 옮기세요.

    1. He's eating <u>while</u> he writes a letter.
    _____

    2. Henry is quite short, <u>while</u> all his brothers are tall.
    _____

    3. <u>While</u> he was crossing the street, he saw the accident.
    _____

    4. I wanted to go to a rock concert, <u>while</u> everyone else wanted a trip to a theme park.
    _____

    5. <u>While</u> we cannot help you right now, we are sure that you will be successful.
    _____

- 보기의 밑줄 친 while과 같은 의미로 쓰인 문장을 고르세요.

    > 보기 She is not very interested in sports, <u>while</u> her boyfriend is a big baseball fan.

    (a) A burglar broke into my house <u>while</u> I was away.

    (b) Dad told us to be in the car, <u>while</u> he was changing a flat tire.

    (c) <u>While</u> her dress was great, her behavior certainly was not.

    (d) <u>While</u> I'm away on a vacation, please look after my cat.

- 밑줄 친 접속사 as의 다양한 의미를 고려하여 다음 문장을 우리말로 옮기세요.

    1. The game started <u>as</u> I got there.
    _____

    2. Let him do <u>as</u> he wants.
    _____

    3. <u>As</u> you are young, you have many opportunities.
    _____

    4. <u>As</u> she makes more money, she consumes more.
    _____

    5. Happy <u>as</u> they were, there was something missing.
    _____

- 보기의 밑줄 친 as와 같은 의미로 쓰인 문장을 고르세요.

    > 보기 She doesn't know much about Korean culture, <u>as</u> this is her first time to Korea.

    (a) I saw a man crying <u>as</u> I was passing by.

    (b) <u>As</u> I told you before, I cannot help you with your homework.

    (c) <u>As</u> you get fatter, you will find running more difficult than before.

    (d) He may need some help <u>as</u> he's new.

접속사 다음에 〈주어 + 동사〉가 없다?

 〈주어 + 동사〉가 생략된 부사절

부사절 접속사 다음에는 으레 주어와 동사가 나오지만 주어와 동사가 생략되기도 합니다. 간편하며 이해하는 데도 지장이 없지요. 주어와 동사가 생략되어 더욱더 깔끔한 다음 관용구들을 소개합니다.

(1) if possible

- I'd like to see you, if possible. 가능하다면 당신을 만나고 싶다.
  = I'd like to see you, if (it is) possible.

(2) if necessary

- If necessary, you can use my pencil.
  = If (it is) necessary, you can use my pencil.
  필요하다면, 너는 내 연필을 사용할 수 있다.

(3) when young

- We were friends when young. 우리는 어렸을 때 친구였다.
  = We were friends when (we were) young.

(4) though a small girl

- Though a small girl, she is bold.
  = Though (she is) a small girl, she is bold.
  비록 그녀는 작은 소녀지만, 그녀는 당돌하다.

(5) as before

- He eats as much as before. 그는 이전만큼 많이 먹는다.
  = He eats as much as (he ate) before.

Point 88
접속사와 전치사

 접속사와 전치사의 차이점

접속사 because는 '~ 때문에'입니다. 전치사 because of도 '~ 때문에'입니다. 어떤 차이가 있는지 궁금해 하는 분들 많습니다. 접속사 다음에는 〈주어 + 동사〉가 나오고, 전치사 다음에는 명사가 나옵니다.

- **I was absent from school because I was ill.**(접속사 + 주어 + 동사)
  나는 아팠기 때문에 학교에 결석했다.

  I was absent from school because of my illness.
  (전치사 + 명사; because of = due to, owing to)
  나는 병 때문에 학교에 결석했다.

  I was absent from school because my illness.(X)

- **He was present at the meeting though he was ill.**
  (접속사 + 주어 + 동사)
  그는 아팠음에도 불구하고 회의에 참석했다.

  He was present at the meeting in spite of his illness.
  (전치사 + 명사; in spite of = despite)
  그는 그의 병에도 불구하고 회의에 참석했다.

  He was present at the meeting though his illness.(X)

- **I'm sure that he will recover.**(접속사 + 주어 + 동사)
  나는 그가 회복할 것이라고 확신한다.

  I'm sure of his recovery.(전치사 + 명사)
  나는 그의 회복을 확신한다.

  I'm sure that his recovery.(X)

연습문제 44

- 우리말과 같은 뜻이 되도록 빈칸을 채우세요.

  1. 가능하다면 늘 예의 바르게 행동하세요.
     Always be polite, if _____ possible.

  2. 군대는 필요하다면 핵무기를 사용할 수 있다.
     The army can use nuclear weapons if _____ necessary.

  3. 아버지는 젊으셨을 때 그 회사에서 일했다.
     My father worked for the company when _____ young.

  4. 그들은, 비록 조금 가난하지만, 늘 낙천적이다.
     They, though _____ a little poor, are always optimistic.

  5. 이번에는 이전처럼 해서는 안 된다.
     This time you should not do as _____ before.

- 밑줄 친 표현에 유의하여 다음 문장을 우리말로 옮기세요.

  1. <u>If necessary</u>, you can ask for more money.
     _____

  2. I would like to change seats with you, <u>if possible</u>.
     _____

  3. She is thoughtful <u>although a very young child</u>.
     _____

  4. You can always count on me <u>when in trouble</u>.
     _____

  5. Her health is as good <u>as in her younger days</u>.
     _____

- 우리말과 같은 뜻이 되도록 빈칸을 채우세요.

  1. 그녀는 알레르기 때문에 고양이를 기를 수 없다.
     She cannot keep a cat _____ her allergy.

  2. 그는 방이 지저분했기 때문에 그 열쇠를 찾을 수 없었다.
     He could not find the key _____ his room was messy.

  3. 그 회사는 그가 작업 경험이 없었음에도 불구하고 그를 고용했다.
     The company hired him _____ he had no working experience.

  4. 우리는 폭설에도 불구하고 소풍을 가기로 결정했다.
     We decided to go on a picnic _____ heavy snow.

  5. 나는 그의 정직함을 확신한다.
     I am sure _____ his honesty.

- 두 개의 보기 중에서 올바른 것을 고르세요.

  1. [Because / Due to] his bad eating habits, he suffered from a lot of health problems.
     그의 나쁜 식사 습관 때문에 그는 많은 건강 문제를 겪었다.

  2. No one blamed Mike [despite / even though] his mistake ruined our show.
     그의 실수가 쇼를 망쳤음에도 불구하고 아무도 Mike를 비난하지 않았다.

  3. We were surprised [at / that] the news that he was alive.
     우리는 그가 살아 있다는 뉴스에 놀랐다.

관계사

영어를 공부하면서 관계사라는 말을 들어본 적이 분명 있을 겁니다. 관계사는 관계대명사와 관계부사를 아울러 가리키는 말입니다. 배울 때마다 어렵고, 배우고 나서도 기억에 잘 남지 않아 공부하기 어려운 부분으로 악명이 높습니다. 자주 쓰기 때문에 자연스럽게 익힐 수 있는 것인데도, 처음에 기계적인 공식 같은 것으로 접근하려다 보니 어렵게 된 것이 아닌가 싶습니다. 쉽다고 느껴지는 의문사가 조금 색다른 역할을 맡은 것이라고 생각하면 편합니다. 예를 들어 Who came late?(누가 늦게 왔니?)에서 who는 의문사입니다. 그런데 who 앞에 사람 명사를 놓아 the man who came late로 만들고 '늦게 온 그 사람'이라 해석하면 who가 관계사가 됩니다. 정말 쉽지 않나요?

Chapter 7

who 앞에 사람이 있어요!

관계대명사란?

명사를 꾸며주는 단어를 형용사라고 합니다. 그런데, 명사를 문장으로 꾸며줄 수도 있으며, 이때 문장 맨 앞에 오는 것이 관계대명사입니다. 그래서 관계대명사는 형용사절을 이끌며 명사를 꾸며준다고 합니다. 앞에 나오는 명사가 사람일 때, 관계대명사 who를 사용합니다.

- a <u>good</u> friend 좋은 친구
  → 형용사 + 명사

  a friend who <u>lives in Seoul</u> 서울에 사는 친구
  → 사람명사 + 관계대명사 who ~

  a friend who <u>I loved</u> 내가 사랑했던 친구
  → 사람명사 + 관계대명사 who ~

who 뒤에는 불완전한 문장이 온다!

그런데, who 다음의 문장을 보면 주어나 목적어 등이 빠져 있는 불완전한 문장입니다. 왜냐하면, 관계대명사가 〈접속사 + 대명사〉이기 때문입니다.

- a friend who Φ lives in Seoul
  = a friend <u>and he</u> lives in Seoul

- a friend who I loved Φ
  = a friend <u>and</u> I loved <u>him</u>

- This is the boy. + He came here today.
  = This is the boy who came here today.
    이 사람은 오늘 여기에 왔던 그 소년이다.

Point 90
which 앞에 사물이 있어요!

which의 쓰임

사물이나 동물인 명사를 꾸며주는 형용사절을 이끄는 관계대명사는 which입니다.

- a <u>good</u> book 좋은 책
  → 형용사 + 명사

  a book which <u>is expensive</u> 비싼 책
  → 사물명사 + 관계대명사 which ~

  a book which <u>I borrowed</u> 내가 빌렸던 책
  → 사물명사 + 관계대명사 which ~

- a <u>big</u> dog 큰 개
  → 형용사 + 명사

  a dog which <u>looks funny</u> 웃겨 보이는 개

  a dog which <u>I kept</u> 내가 키웠던 개

which 뒤에도 불완전한 문장이 온다!

which 다음의 문장도 주어나 목적어 등이 빠져 있는 불완전한 문장입니다. 왜냐하면, 관계대명사는 〈접속사 + 대명사〉이기 때문입니다.

- Give me the book which Φ is on the floor.
  = Give me the book <u>and it</u> is on the floor.
  내게 바닥 위에 있는 그 책을 줘라.

- The cat which Φ has a long tail is mine.
  = The cat has a long tail <u>and it</u> is mine.
  긴 꼬리를 가진 그 고양이는 내 것이다.

연습문제 45

■ 다음 구문을 우리말로 옮기세요.

1. the man who has won the prize _____

2. a teacher who will teach us _____

3. a sister who plays soccer _____

4. the girl who played the piano _____

5. that boy who is drinking milk _____

6. that man who I taught _____

7. the teacher who they liked _____

8. a sister who I am proud of _____

9. the girl who my brother danced with _____

10. that boy who we trusted _____

■ 두 개의 보기 중에서 올바른 것을 고르세요.

1. He is the teacher [who / which] taught my daughter.
   그는 내 딸을 가르쳤던 선생님이다.

2. The man [who / which] stole it was caught.
   그것을 훔쳤던 그 사람은 잡혔다.

3. The girl [who / she] won the contest is my daughter.
   그 대회에서 우승한 그 소녀는 내 딸이다.

4. Do you know that man [who / he] is lying there?
   너는 저기 누워 있는 저 사람을 아니?

5. Harry is the actor [who / which] I like best.
   Harry는 내가 제일 좋아하는 배우다.

- 다음 구문을 우리말로 옮기세요.

    1. the store which sells various toys _____
    2. a dress which is too long for her _____
    3. a cat which catches mice well _____
    4. a castle which stands on the hilltop _____
    5. the bag which is right beside you _____
    6. the store which you visited yesterday _____
    7. a dress which I wanted to buy _____
    8. the robot which I gave to my son _____
    9. a castle which they built for 3 years _____
    10. the movie which I saw yesterday _____

- 두 개의 보기 중에서 올바른 것을 고르세요.

    1. He took a job [who / which] appeared easy.
       그는 쉬워 보이는 일을 골랐다.

    2. It was a mistake [who / which] I regretted the most.
       그것은 내가 가장 후회하는 실수였다.

    3. The bus [which / it] goes to Seoul runs every half hour.
       서울로 가는 버스는 30분마다 운행된다.

    4. I went to the party [which / it] was held by my best friend.
       나는 나의 제일 친한 친구에 의해 열린 그 파티에 갔다.

who와 which가 헷갈리면 that!

who와 which를 대신하는 that

관계대명사 who와 which 대신 that을 사용할 수 있습니다.

- a friend that[who] lives in Seoul 서울에 사는 친구
- a friend that[who] I loved 내가 사랑했던 친구
- a book that[which] is expensive 비싼 책
- a book that[which] I borrowed 내가 빌렸던 책

that만 사용할 수 있는 경우

그런데, 관계대명사 앞에 오며 꾸밈을 받는 사물명사에 최상급, 서수, all, no, every 등의 표현이 첨가되면 which는 불가능하고, that만 사용 가능합니다.

- This is the fastest car that I've ever seen.
  이것은 내가 이제까지 본 것 중에서 가장 빠른 자동차다.
- Russia is the first country that reached the moon.
  러시아는 달에 도착한 첫 번째 국가다.
- There is nothing that is more important than health.
  건강보다 더 중요한 것은 없다.
- She read every book that was in the library.
  그녀는 그 도서관에 있었던 모든 책을 읽었다.

Point 92

소유격은 whose뿐!

관계대명사도 격이 있다

관계대명사는 관계대명사가 이끄는 문장에서 대명사 역할을 하기 때문에 격을 가집니다. 주어 자리에 오면 주격, 목적어 자리에 오면 목적격입니다. 뒤에 나오는 명사를 꾸며줄 때는 소유격입니다. who와 which의 소유격은 모두 whose인데, that의 소유격은 없습니다.

- a friend who lives next door 옆집에 사는 친구 (주격)
  = a friend and she lives next door

- a friend whose name is Jane 이름이 Jane인 친구 (소유격)
  = a friend and her name is Jane.

- I have a friend whose father is a teacher.
  = I have a friend and her father is a teacher.
  나는 그의 아버지가 선생님인 친구가 한 명 있다.

- a book which is very expensive 매우 비싼 책 (주격)
  = a book and it is very expensive

- a book whose cover is red 표지가 빨간색인 책 (소유격)
  = a book and its cover is red

- I have dogs whose tails are very short.
  = I have dogs and their tails are very short.
  나는 꼬리가 매우 짧은 개들이 있다.

207

연습문제 46

■ 빈칸에 적절한 관계대명사를 쓰세요.

1. I like the girl _____ came to your birthday party.
   나는 당신의 생일 파티에 왔던 그 소녀를 좋아한다.

2. Choose the number _____ you like.
   당신이 좋아하는 숫자를 고르세요.

3. The man _____ I met in the plane talked a lot.
   내가 비행기 안에서 만났던 그 사람은 말이 많았다.

4. The music _____ we listened to last night was sad.
   우리가 어젯밤 들었던 그 음악은 슬펐다.

5. It is the dress _____ I bought last month.
   그것은 내가 지난달 샀던 그 드레스다.

■ 두 개의 관계대명사 중에 올바른 것을 고르세요.

1. You are the man [which / that] I was looking for.
   당신은 내가 찾고 있던 그 사람이다.

2. All [which / that] you have to do is to wake up early.
   네가 해야만 하는 전부는 일찍 일어나는 것이다.

3. This is the only English book [which / that] he has.
   이것은 그가 가지고 있는 유일한 영어 책이다.

4. I asked the nurse for medicine [who / that] would make me feel better.
   나는 간호사에게 나를 보다 나은 기분을 갖게 해줄 약을 요구했다.

■ 다음 구문을 우리말로 옮기세요.

1. a girl whose cat was very fat _____
2. a book whose cover is green _____
3. a boyfriend whose voice is soft _____
4. a bicycle whose pedals were broken _____
5. the woman whose son failed the test _____
6. my dog whose tail is furry _____

■ 두 개의 관계대명사 중에 올바른 것을 고르세요.

1. The boy [who / whose] mother was a scientist also wanted to be a scientist.
   그의 어머니가 과학자였던 그 소년도 또한 과학자가 되고 싶었다.

2. The house [which / whose] windows are broken is not yet sold.
   그 창문이 깨져 있는 그 집은 아직 팔리지 않고 있다.

3. Doctors are people [that / whose] job is to treat sick or hurt people.
   의사들은 그들의 일이 아프거나 다친 사람들을 치료하는 것인 사람들이다.

4. The professor [that / whose] classes are boring is not popular among students.
   그의 수업이 지루한 그 교수는 학생들 사이에서 인기가 없다.

5. A cat [which / whose] has a long tail runs fast.
   긴 꼬리를 가지고 있는 고양이는 빨리 달린다.

Point 93
관계대명사 실종사건?!

관계대명사의 목적격

who의 목적격은 whom이지만, 요즘은 m을 생략한 who를 더 많이 사용합니다. which/that의 목적격은 which/that으로, 주격과 철자가 똑같습니다.

- **The girl who(m) I loved was kind.**
  내가 사랑했던 그 소녀는 친절했다.
- **The book which I read yesterday was interesting.**
  내가 어제 읽었던 그 책은 흥미로웠다.
- **The animal that I kept was a little cat.**
  내가 키웠던 동물은 작은 고양이였다.

관계대명사 목적격 who(m), which, that은 생략이 가능합니다.
- the girl (whom) I loved 내가 사랑했던 그 소녀
- the book (which) I read yesterday 내가 어제 읽었던 그 책
- everything (that) he said 그가 말했던 모든 것
- The lady ∅ I taught was an actress. (whom 생략)
  내가 가르쳤던 그 여인은 배우였다.
- The car ∅ you sold was not good. (which 생략)
  네가 팔았던 그 차는 좋지 않았다.
- Everything ∅ he said was true. (that 생략)
  그가 말했던 모든 것은 사실이었다.

관계대명사 앞 콤마(,)는 왜?

 관계대명사의 두 가지 용법

관계대명사 앞에 ,(콤마)가 있으면 계속적 용법이라고 합니다. ,가 없으면 제한적 용법이라고 합니다. 계속적 용법은 특정한 명사를 보충 설명할 때 사용하고, 제한적 용법은 명사를 수식할 때 사용합니다. 그래서 계속적 용법은 앞에서 뒤로 해석해나가고, 제한적 용법은 뒤에서 앞으로 해석하는 것이 일반적입니다.

- I met Jane, who lived nearby.
  나는 Jane을 만났는데, 그녀는 근처에 살았다.

- I have a friend who lives nearby.
  나는 근처에 살고 있는 친구 한 명이 있다.

that의 계속적 용법은 없습니다. 한편, which의 계속적 용법의 경우, which가 사물·동물명사가 아니라 앞 문장의 내용 전체 혹은 일부를 대신할 때가 있습니다.

- I have two brothers, that like reading books. (X)

  I have two brothers, who like reading books.
  나는 두 명의 형이 있는데, 그들은 책 읽기를 좋아한다.
  (the two brothers → who)

- I bought a T-shirt, that was too small for me. (X)

  I bought a T-shirt, which was too small for me.
  나는 티셔츠를 하나 샀는데, 그것이 내게 너무 작았다.
  (the T-shirt → which)

- I lost my T-shirt, which made my mom angry.
  나는 내 티셔츠를 잃어버렸는데, 그것이 엄마를 화나게 만들었다.
  (I lost my T-shirt → which)

연습문제 47

- 다음 구문을 우리말로 옮기세요.

  1. the policeman who I interviewed _____
  2. great men who we respect _____
  3. the dog which you found on the street _____
  4. the cake that you made yesterday _____
  5. a person I meet every day _____
  6. the essays I wrote _____

- 다음 밑줄 친 관계대명사를 생략할 수 있으면 O, 생략할 수 없으면 X로 표시하세요.

  1. I saw the professor <u>who</u> retired last month. (   )
     나는 지난달에 은퇴했던 그 교수님을 보았다.

  2. The dog <u>which</u> I kept was called Bingo. (   )
     내가 기른 그 개는 Bingo라고 불렸다.

  3. The first woman <u>that</u> I met in Paris was travelling around the world. (   )
     내가 파리에서 만난 첫 번째 여자는 세계 일주를 하고 있었다.

  4. Kate is a girl <u>who</u> visited my house last week. (   )
     Kate는 지난주 우리 집을 방문했던 소녀다.

  5. The presents <u>which</u> I bought for him were expensive. (   )
     내가 그에게 사준 그 선물들은 비쌌다.

  6. The classes <u>that</u> I took were interesting. (   )
     내가 들었던 그 수업들은 흥미로웠다.

- 빈칸에 적절한 관계대명사를 쓰세요.

   1. I bumped into Tom, _____ was with his girlfriend.
   나는 Tom을 우연히 만났는데, 그는 여자 친구와 함께였다.

   2. The girl was reading her dad's book, _____ was too difficult for her.
   그 소녀는 아빠의 책을 읽고 있었는데, 그것은 그녀에게 너무 어려웠다.

   3. John loved visiting his grandmother, _____ always baked cookies for him.
   John은 할머니를 방문하는 것을 좋아했는데, 그녀는 늘 그를 위해 과자를 구워 주셨다.

   4. My brother loved watching baseball, _____ was his favorite sport.
   오빠는 야구를 보는 것을 좋아했는데, 야구는 그가 제일 좋아하는 스포츠였다.

- 각 문장의 밑줄 친 관계대명사가 가리키는 것을 쓰세요.

   1. I don't like my neighbor Sam, <u>who</u> always makes loud noises at night. (   )

   2. Jack don't like New York City, which is too noisy and crowded.
   (   )

   3. Sally was rude to Mike, who was one of her teachers.
   (   )

   4. Sally was rude to her teacher, which upset her parents.
   (   )

전치사 + 관계대명사? 묶어주면 문제없어!

 〈전치사 + 관계대명사〉의 용법

관계대명사가 전치사의 목적어일 때 전치사가 관계대명사 앞에 위치할 수가 있습니다. who의 경우, 전치사가 앞에 있으면 whom만 가능합니다. that의 경우, 전치사가 앞에 올 수 없습니다.

- a girl who(m) I danced with 내가 함께 춤을 추었던 소녀
  = a girl with whom I danced
  = a girl with who I danced (X)
  = a girl that I danced with
  = a girl with that I danced (X)
  = a girl Φ I danced with

- a company which he worked for 그가 일했던 회사
  = a company for which he worked
  = a company that he worked for
  = a company for that he worked (X)
  = a company Φ he worked for

- I have some friends with whom I play.
  = I have some friends who I play with.
  = I have some friends Φ I play with.
    나는 함께 노는 친구가 조금 있다.

- The chair on which he sits is comfortable.
  = The chair which he sits on is comfortable.
  = The chair Φ he sits on is comfortable.
    그가 앉는 그 의자는 편하다.

Point 96
what ~은 명사 덩어리

 what에는 명사가 포함되어 있다!

관계대명사 what은 명사를 꾸며주지 않습니다. 대신 '~ 것'으로 해석되는데, 그래서 꾸며줄 명사를 포함하고 있다고도 말합니다. what절은 문장 안에서 명사 역할(주어, 목적어, 보어)을 맡습니다.

- **What** he said is true. (주어)
  = **The thing that** he said is true.
  그가 말했던 것은 사실이다.

- I forgot **what** you told me. (목적어)
  = I forgot **the thing that** you told me.
  나는 네가 내게 말해줬던 것을 잊어버렸다.

- This is not **what** I want. (보어)
  = This is not **the thing that** I want.
  이것은 내가 원하는 것이 아니다.

what이 '무엇'이라고 해석되는 의문대명사 용법을 기억하실 겁니다. 관계대명사 what과 다르게 해석되지만, 굳이 구별할 필요는 없습니다. 왜냐하면, 어느 쪽으로든 what절은 명사 역할을 한다는 점에서 같기 때문입니다.

- What does he want? (의문대명사)
  그는 무엇을 원하니?
- I wonder what he wants. (의문대명사)
  나는 그가 무엇을 원하는지 궁금하다.
- Love is what he wants. (관계대명사)
  사랑이 그가 원하는 것이다.

연습문제 48

- 다음 구문을 우리말로 옮기세요.

    1. the city in which we live _____
    2. friends with whom I played _____
    3. a man for whom she is looking _____
    4. the carpet on which you are lying _____
    5. the music which we listened to _____
    6. a teacher from whom I learned a lot _____

- 두 개의 관계대명사 중에서 올바른 것을 고르세요.

    1. The wall [which / by which] you are standing is dangerous.
       네가 옆에 서 있는 그 벽은 위험하다.

    2. The town [which / in which] my mother was born changed its name.
       나의 어머니가 태어났던 그 마을은 이름을 바꿨다.

    3. The company [for / from] which I work is famous.
       내가 일하고 있는 회사는 유명하다.

    4. I liked the cake [which / for which] you made.
       나는 네가 만들었던 그 케이크가 좋았다.

    5. The girl [who / with whom] I took pictures is my daughter.
       내가 함께 사진을 찍었던 그 소녀는 내 딸이다.

■ 다음 구문을 우리말로 옮기세요.

1. what he wants to eat _____
2. what makes him angry _____
3. what he did not tell you _____
4. what is important in your life _____
5. what my family wants me to do _____

■ 두 개의 보기 중에서 올바른 것을 고르세요.

1. Friendship is [that / what] I trust.
   우정은 내가 신뢰하는 것이다.

2. This is the only book [that / what] I want to read.
   이것이 내가 읽고 싶은 유일한 책이다.

3. I don't know [that / what] you are talking about.
   나는 네가 무엇을 말하고 있는지 모르겠다.

4. Three thousand dollars is [which / what] you will get if you win.
   3만원은 네가 승리하면 얻게 될 것이다.

5. [Who / What] is most important to her is her son.
   그녀에게 가장 중요한 것은 그녀의 아들이다.

6. The student has no idea of [who / what] he can do for society.
   그 학생은 자신이 사회를 위해 무엇을 할 수 있을지 모른다.

장소 다음 where, 시간 다음 when

 관계부사란?

관계부사도 관계대명사와 비슷한 용법을 가지고 있습니다. 즉, 명사를 꾸며주는 형용사절을 이끕니다. 장소와 관련된 명사를 꾸며줄 때는 where, 시간과 관련된 명사를 꾸며줄 때는 when입니다.

- the house where she was born 그녀가 태어났던 그 집
- a place where we can play 우리가 놀 수 있는 장소
- the year when she was born 그녀가 태어났던 그 해
- the day when we first met 우리가 처음 만났던 그 날

 〈전치사 + which〉로 바꾸기

관계부사는 접속사와 부사의 역할을 동시에 합니다. 그리고 〈전치사 + which〉로 바꿀 수 있습니다.

- This is the house where she was born.
  (This is the house and there she was born.)
  = This is the house in which she was born.
  = This is the house which she was born in.
  여기는 그녀가 태어났던 그 집이다.

- I remember the year when she was born.
  (I remember the year and then she was born.)
  = I remember the year in which she was born.
  = I remember the year which she was born in.
  나는 그녀가 태어났던 그해를 기억한다.

Point 98
이유는 why, 방법은 how

why

관계부사 why가 이끄는 형용사절은 명사 reason을 꾸며줍니다. 이때 why는 for which로 바꿀 수 있습니다. why 앞의 명사는 생략할 수 있습니다.

- **the reason** why she is happy 그녀가 기쁜 그 이유
- **reasons** why I failed again 내가 다시 실패했던 이유들
- I don't know **the reason** why I failed again.
  = I don't know **the reason** for which I failed again.
  = I don't know Φ why I failed again.
  나는 내가 다시 실패했던 그 이유를 알지 못한다.

how

관계부사 how가 이끄는 절은 명사 way를 꾸며주는 것이 원칙이지만, way와 how가 동시에 있을 수 없습니다. 즉, 둘 중 하나만 있어야 합니다. how를 in which로 바꿔 the way in which ~로 표현하는 것은 가능합니다.

- **a way** in which we can go there 우리가 거기 갈 수 있는 방법
  = how we can go there
  = **a way** we can go there

  a way how we can go there (X)

- Tell me how you solved it. 네가 그것을 풀었던 방법을 내게 말해줘.
  = Tell me the way you solved it.
  = Tell me the way in which you solved it.

연습문제 49

- **다음 구문을 우리말로 옮기세요.**

    1. the room where you slept last night _____

    2. the year when the Olympic Games was held in Korea
       _____

    3. a city where there is no crime _____

    4. the day when I met you for the first time _____

- **다음 빈칸에 알맞은 관계사를 써서 문장을 완성하세요.**

    1. This is the place _____ the river and the sea joins.
       = This is the place in _____ the river and the sea joins.
       여기는 강과 바다가 만나는 곳이다.

    2. There was a time _____ people believed that the Earth was flat.
       = There was a time in _____ people believed that the Earth was flat.
       사람들이 지구는 평평하다고 믿었던 때가 있었다.

- **두 개의 관계사 중에서 올바른 것을 고르세요.**

    1. America is a country [where / which] I have never been before.
       미국은 내가 전에 한 번도 가본 적이 없던 나라다.

    2. Morning is a time [when / which] everything is fresh and peaceful.
       아침은 모든 것이 신선하고 평화로운 시간이다.

    3. She is sitting in a cafe [when / where] smoking is banned.
       그녀는 흡연이 금지되는 카페에 앉아 있다.

- 다음 구문을 우리말로 옮기세요.

  1. the reason why I want to be a doctor _____
  2. how he first met his girlfriend _____
  3. why you like him _____
  4. the way he became rich _____
  5. the reason why we fail to concentrate in class
     _____
  6. ways in which ancient people treated illness
     _____

- 두 개의 관계사 중에서 올바른 것을 고르세요.

  1. I cannot understand the reason [which / why] you would want to give up such a great opportunity.
     나는 네가 그렇게 좋은 기회를 왜 포기하고 싶어 하는지 그 이유를 이해할 수 없다.

  2. The magician didn't want to reveal [how / which] he tricked the audience.
     그 마술사는 자신이 어떻게 청중을 속였는지 드러내기를 원하지 않았다.

  3. Nobody could know [how / why] the small boy survived the tsunami.
     아무도 어떻게 그 작은 소년이 그 쓰나미에서 살아남았는지 알 수 없었다.

  4. The teacher explained the reason [how / why] she could not give us more time.
     선생님은 왜 우리에게 더 많은 시간을 줄 수 없는 그 이유를 설명했다.

관계대명사 + -ever

whoever, whichever, whatever처럼 관계대명사에 -ever를 붙인 것을 복합관계대명사라 합니다. 관계사절 앞에서 꾸밈을 받던 명사가 그 안에 포함됐다고 보면 쉽습니다.

 명사로 사용되는 복합관계대명사절

복합관계대명사가 이끄는 절은 주어, 목적어, 보어로 사용됩니다.

- I like whoever loves me. (목적어)
  = I like <u>anyone who</u> loves me.
  나는 나를 사랑하는 사람이면 누구든지 좋아한다.

- Whatever he said was untrue. (주어)
  = <u>Anything that</u> he said was untrue.
  그가 말했던 것이 무엇이든지 사실이 아니었다.

 부사절로 해석되는 복합관계대명사절

복합관계대명사가 이끄는 절은 '~든지 간에'로 해석되는 부사절처럼 사용할 수도 있습니다. 이때, 복합관계대명사를 no matter wh-로 바꿔도 같은 의미입니다.

- Whoever comes, I don't care.
  = <u>No matter who</u> comes, I don't care.
  누가 오더라도, 나는 상관하지 않는다.

- Whichever you choose, I don't care.
  = <u>No matter which</u> you choose, I don't care.
  네가 어느 것을 선택하더라도, 나는 상관하지 않는다.

- Whatever you are saying, I don't care.
  = <u>No matter what</u> you are saying, I don't care.
  네가 무엇을 말하고 있든 간에, 나는 상관하지 않는다.

관계부사 + -ever

wherever, whenever, however처럼 관계부사에 -ever를 붙인 것을 복합관계부사라 합니다. 꾸밈을 받던 명사가 포함됐다고 보면 쉽습니다.

복합관계부사절의 해석 1: ~든지

복합관계부사절은 첫째, '~든지'라고 해석되는 용법이 있습니다.

- I sing wherever[whenever] I want.
  = I sing at <u>any place where[at any time when]</u> I want.
  나는 내가 원하는 어떤 장소[시간]이든지 거기에서[그때] 노래 부른다.

복합관계부사절의 해석 2: 어느 ~라도

둘째, '어느 ~라도'라고 해석되는 용법도 있습니다. however는 뒤에 형용사나 부사가 나오면 '아무리 ~라도'로, 뒤에 형용사나 부사가 없으면 '어떻게 ~라도'로 해석합니다.

- Wherever you go, I will follow you.
  = <u>No matter where</u> you go, I will follow you.
  네가 어디를 갈지라도, 나는 너를 따라갈 것이다.

- Call me, whenever you go.
  = Call me, <u>no matter when</u> you go.
  언제 나갈지라도, 내게 전화를 해라.

- However hard I try, I can't understand you.
  = <u>No matter how</u> hard I try, I can't understand you.
  아무리 열심히 노력할지라도, 나는 너를 이해할 수 없다.

- However you do, try best.
  = <u>No matter how</u> you do, try best.
  네가 어떻게 하든지 간에, 최선을 다해라.

연습문제 50

■ 다음 문장을 우리말로 옮기세요.

1. I will do whatever I can do to help you.
   _____

2. Whoever can lift this sword will be the king.
   _____

3. Whichever you choose to be, you will be it.
   _____

4. They will love you, no matter what you do.
   _____

5. The teacher is waiting for whoever can help him.
   _____

■ 두 개의 보기 중에서 올바른 것을 고르세요.

1. She will marry [whoever / whatever] can give her true love.
   그녀는 그녀에게 진정한 사랑을 줄 수 있는 사람이면 어느 누구든지 결혼할 것이다.

2. [Who / Whoever] applies for this job, he will get it.
   이 일자리에 누가 지원하든 간에, 그는 그 일을 얻을 것이다.

3. She says out loud [whoever / whatever] comes into her mind.
   그녀는 자신의 마음속에 생각나는 것이면 무엇이든지 크게 말을 내뱉는다.

■ 다음 문장을 우리말로 옮기세요.

1. Jane followed her brother to wherever he went.
   _____

2. The boy looked for his mother whenever he had trouble with his friends.
   _____

3. However long he waited for her, she did not appear.
   _____

4. However you do it, the result is the same.
   _____

■ 두 개의 보기 중에서 올바른 것을 고르세요.

1. [Where / Wherever] you work, you should do your best.
   어디서 일하든지 간에, 최선을 다해야 한다.

2. [How / However] difficult the problem is, he will overcome it.
   그 문제가 아무리 어려울지라도 그는 그것을 극복할 것이다.

3. [However / Whenever] we lack sleep, we get sick.
   우리는 잠이 부족할 때마다 아프게 된다.

4. There were problems [whenever / wherever] he traveled to.
   그가 가는 곳마다 문제가 생겼다.

정답

Chapter 01 명사와 관사

연습문제 01

- 밑줄 친 명사가 셀 수 있는 것인지 아닌지 적으세요.
  1. 셀 수 있음 2. 셀 수 있음 3. 셀 수 없음
  4. 셀 수 없음 5. 셀 수 없음

- 빈칸에 가장 적절한 것을 고르세요.
  1. ④ 2. ③ 3. ② 4. ①

- 빈칸에 A(a)나 An(an)을 넣어 문장을 완성하세요.
  1. a 2. a 3. A
  4. A 5. an 6. An, a

- 빈칸에 가장 적절한 것을 고르세요.
  1. ① 2. ② 3. ① 4. ①

연습문제 02

- 다음 명사의 복수형을 빈칸에 적으세요.
  1. pens 2. trees 3. chairs
  4. wishes 5. benches 6. hobbies
  7. wolves 8. beliefs 9. crosses
  10. months

- 우리말과 같은 뜻이 되도록 괄호 속 단어를 이용하여 빈칸을 채우세요.
  1. babies 2. eyes 3. taxis
  4. ways 5. branches 6. photos

- 다음 단어의 뜻을 빈칸에 적으세요.
  1. 남자들 2. 여자들 3. 아이들
  4. 이빨들 5. 바지 6. 정치
  7. 쥐들 8. 수단(들)

- 다음 영어 문장이 우리말과 같도록 빈칸을 채우세요.
  1. 안경 2. 유리잔 3. 양들
  4. 물리학 5. 사람 6. 사람들
  7. 종들

연습문제 03

- 두 개의 보기 중에서 올바른 것을 고르세요.
  1. Jane's 2. people's 3. America's 4. week's
  5. hours' 6. the window of the house

- 우리말과 같은 뜻이 되도록 소유격을 이용하여 빈칸을 채우세요.
  1. mother's 2. Today's 3. man's 4. Korea's

- 두 개의 보기 중에서 올바른 것을 고르세요.
  1. many 2. much 3. many
  4. Many 5. much 6. much

- 우리말과 같은 뜻이 되도록 빈칸을 채우세요.
  1. problems 2. coffee 3. much 4. many

연습문제 04

- 두 개의 보기 중에서 올바른 것을 고르세요.
  1. a few 2. a little 3. a few
  4. a little 5. a little

- 우리말과 같은 뜻이 되도록 빈칸을 채우세요.
  1. few 2. little 3. a few
  4. a little 5. little

- 다음 각 문장에서 밑줄 친 정관사 the가 쓰인 이유를 적으세요.
  1. 명사가 꾸밈을 받을 때
  2. 상황상 특정 명사임을 알 때
  3. 앞에 나온 명사를 반복할 때
  4. 하나밖에 존재하지 않는 명사일 때

- 우리말과 같은 뜻이 되도록 빈칸에 가장 적절한 것을 고르세요.
  1. ③ 2. ③ 3. ③

연습문제 05

- 빈칸에 적절한 단어를 쓰세요.
  1. The 2. the 3. The
  4. The 5. the 6. the

- 두 개의 보기 중에서 올바른 것을 고르세요.
  1. the 2. the 3. the
  4. the 5. baseball 6. the piano
  7. winter 8. church

- 밑줄 친 단어에 유의하여 빈칸을 채우세요.
  1. 대답 2. 대답했다 3. 곰
  4. 참을 5. 요리사 6. 요리하는 것
  7. 얼굴 8. 마주한다 9. 손
  10. 건네주세요

Chapter 02 대명사

연습문제 06

- 우리말과 같은 뜻이 되도록 빈칸을 채우세요.
  1. I 2. you 3. He 4. She
  5. it 6. We 7. They

- 빈칸에 적절한 인칭대명사를 쓰세요.
  1. He 2. She 3. we

- 우리말과 같은 뜻이 되도록 빈칸을 채우세요.
  1. my　　　　2. His, him　　3. her
  4. their　　　5. us　　　　　6. them
- 두 개의 보기 중에서 올바른 것을 고르세요.
  1. She　　　　2. your　　　　3. His
  4. his　　　　5. its　　　　　6. our

연습문제 07

- 우리말과 같은 뜻이 되도록 빈칸에 적절한 소유대명사를 쓰세요.
  1. mine　　　2. yours　　　3. his, hers
  4. theirs　　 5. yours
- 두 개의 보기 중에서 올바른 것을 고르세요.
  1. mine　　　2. yours　　　3. his
  4. ours　　　5. theirs
- 우리말과 같은 뜻이 되도록 빈칸에 적절한 재귀대명사를 쓰세요.
  1. myself　　2. yourself　　3. himself
  4. herself　　5. ourselves
- 두 개의 보기 중에서 올바른 것을 고르세요.
  1. myself　　2. yourself　　3. herself
  4. himself　　5. ourselves

연습문제 08

- 각 문장의 밑줄 친 it이 의미하는 것을 적으세요.
  1. (내가 산) 그 치즈
  2. 여행하는 것(to travel)
  3. 아이들과 함께 노는 것(to play with children)
  4. 비인칭주어(날씨)
  5. 학교에 가는 것(to go to school)
  6. 비인칭주어(날씨)
- 우리말과 같은 뜻이 되도록 괄호 안의 단어들을 알맞게 배열하세요.
  1. It is 1 o'clock now
  2. It is snowing hard
  3. It is two kilometers to the sea
  4. It is too dark here
  5. It is time for dinner
- 우리말과 같은 뜻이 되도록 빈칸에 적절한 지시대명사를 쓰세요.
  1. This　　　2. These　　　3. that
- 우리말과 같은 뜻이 되도록 빈칸에 적절한 지시형용사를 쓰세요.
  1. this　　　2. These　　　3. that

4. Those
- 두 개의 보기 중에서 올바른 것을 고르세요.
  1. This　　　2. Those　　　3. this

연습문제 09

- 두 개의 보기 중에서 우리말에 맞는 영어 표현을 고르세요.
  1. this　　　2. that　　　3. these
- 밑줄 친 단어에 유의하여 다음 문장을 우리말로 옮기세요.
  1. 나는 영어를 잘하는데, 이것은 나의 장점이다.
  2. 그는 자신이 부자라고 말하지만, 나는 그 말을 믿을 수 없다.
- 두 개의 보기 중에서 올바른 것을 고르세요.
  1. that　　　2. that　　　3. those
- 각 문장의 밑줄 친 one의 의미를 구별하여 적으세요.
  1. 하나의　　2. (막연한) 사람　3. 한 명
  4. a phone　5. pants
- 우리말과 같은 뜻이 되도록 빈칸에 적절한 대명사를 쓰세요.
  1. one　　　2. it　　　　3. one
  4. one　　　5. ones　　　6. ones

연습문제 10

- 빈칸에 적절한 대명사를 쓰세요.
  1. the other　2. another　　3. another
- 두 개의 보기 중에서 올바른 것을 고르세요.
  1. the other　2. the other　3. another
  4. way
- 우리말과 같은 뜻이 되도록 빈칸을 채우세요.
  1. others　　2. some, other　3. the others
  4. the others
- 두 개의 보기 중에서 올바른 것을 고르세요.
  1. others　　2. are　　　　3. people
  4. others　　5. the others

연습문제 11

- 우리말과 같은 뜻이 되도록 빈칸을 채우세요.
  1. All　　　　2. All　　　　3. All
  4. Every　　5. every　　　6. all
  7. Each　　　8. each
- 두 개의 보기 중에서 올바른 것을 고르세요.
  1. All　　　2. every　　　3. every　　4. Each
- 우리말과 같은 뜻이 되도록 빈칸을 채우세요.
  1. both　　2. both　　3. Either　　4. Neither

- 두 개의 보기 중에서 올바른 것을 고르세요.
  1. Both   2. both   3. boys
  4. either 5. sisters

Chapter 03 형용사와 부사

연습문제 12

- 두 개의 보기 중에서 올바른 것을 고르세요.
  1. pretty doll
  2. close friends
  3. respectable teacher
  4. noisy music
- 보기에서 알맞은 단어를 골라 빈칸에 넣으세요..
  1. difficult   2. beautiful   3. poor
  4. cheap   5. light   6. sad
  7. useful   8. rude
- 두 개의 보기 중에서 올바른 것을 고르세요.
  1. library full of books
  2. meal ready for you
  3. book suitable for children
  4. girl standing there
  5. foods good for health
- 두 개의 보기 중에서 올바른 것을 고르세요.
  1. Someone smart   2. something wrong
  3. anything special 4. something new
  5. anything tasty

연습문제 13

- 두 개의 보기 중에서 우리말에 맞는 영어 표현을 고르세요.
  1. twelve   2. thirty   3. nine
  4. fifteen thousand 5. hundreds
- 우리말과 같은 뜻이 되도록 빈칸에 알맞은 수를 영어로 쓰세요.
  1. thirty thousand   2. seven thousand
  3. millions of   4. a[one] hundred
  5. two thousand four
- 우리말과 같은 뜻이 되도록 빈칸에 알맞은 서수를 영어로 쓰세요.
  1. first   2. second   3. third
  4. fourth   5. twelfth
- 우리말과 같은 뜻이 되도록 빈칸에 알맞은 분수를 영어로 쓰세요.
  1. A[One] third   2. Two thirds

3. A[One] fifth   4. a half
5. A[One] fourth 혹은 A quarter

연습문제 14

- 우리말과 같은 뜻이 되도록 빈칸에 some이나 any 중 하나를 쓰세요.
  1. some   2. any   3. any
  4. any   5. some
- 두 개의 보기 중에서 올바른 것을 고르세요.
  1. some   2. any   3. children
  4. some   5. any
- 빈칸에 들어갈 형용사를 보기에서 골라 쓰세요.
  1. correct   2. true   3. hungry
  4. asleep   5. essential 6. strange
- 두 개의 보기 중에서 올바른 것을 고르세요.
  1. great   2. true   3. seemed

연습문제 15

- 빈칸에 들어갈 형용사를 보기에서 골라 쓰세요.
  1. incorrect   2. empty   3. alone
  4. surprised   5. necessary
- 두 개의 보기 중에서 올바른 것을 고르세요.
  1. important   2. clear   3. comfortable
  4. honest   5. keep
- 다음 형용사의 부사 형태를 쓰세요.
  1. usually   2. busily   3. beautifully
  4. suddenly   5. slowly   6. prettily
  7. fortunately
- 다음 문장에서 부사를 찾아 밑줄을 긋고 그 뜻을 적으세요.
  1. I went there with my father. 거기에
  2. I don't know him well. 잘
  3. I started learning Chinese recently. 최근에
  4. You should get up early. 일찍
  5. My mother always loves me. 늘, 항상
  6. Unfortunately, I lost all my money. 불행히도
  7. We are having dinner together. 함께
  8. This is an extremely useful machine. 정말로

연습문제 16

- 두 개의 보기 중에서 올바른 것을 고르세요.
  1. working hard   2. the work quickly
  3. go immediately   4. the answer clearly
  5. terribly sorry

- 우리말과 같은 뜻이 되도록 괄호 안의 단어들을 알맞게 배열하세요.
  1. He came late
  2. She helped me kindly
  3. Ten years is a really long time
  4. My dad completely forgot my birthday
- 두 개의 보기 중에서 올바른 것을 고르세요.
  1. very beautifully
  2. so hard
  3. almost always
  4. Certainly
  5. generally
- 다음 문장을 우리말로 옮기세요.
  1. 불행히도, 그는 직업을 잃었다.
  2. 아마도 그녀는 네게 곧 전화할 것이다.
  3. 놀랍게도, 그것은 달콤했다.
  4. 슬프게도, 나는 내 친구에게 작별인사를 말했다.

연습문제 17

- 우리말과 같은 뜻이 되도록 빈칸을 채우세요.
  1. now
  2. then
  3. ago
  4. later
  5. still
- 두 개의 보기 중에서 올바른 것을 고르세요.
  1. then
  2. now
  3. already
  4. yesterday
  5. soon
- 우리말과 같은 뜻이 되도록 빈칸을 채우세요.
  1. there
  2. down
  3. away
  4. backward
  5. abroad
- 두 개의 보기 중에서 올바른 것을 고르세요.
  1. far
  2. downstairs
  3. forward
  4. up
  5. here

연습문제 18

- 우리말과 같은 뜻이 되도록 빈칸에 적절한 빈도부사를 쓰세요.
  1. always
  2. usually
  3. often
  4. Sometimes
  5. hardly[seldom, rarely]
- 두 개의 보기 중에서 올바른 것을 고르세요.
  1. always act
  2. must often
  3. grandparents sometimes
  4. seldom goes
  5. are never
- 우리말과 같은 뜻이 되도록 빈칸에 적절한 추측부사를 쓰세요.
  1. surely [certainly]
  2. Perhaps [Maybe]
  3. probably [possibly]

- 두 개의 보기 중에서 올바른 것을 고르세요.
  1. probably
  2. surely
  3. could possibly
  4. Certainly
  5. possibly

연습문제 19

- 다음 영어 문장이 우리말과 같도록 빈칸을 채우세요.
  1. 완전히
  2. 몹시
  3. 거의
  4. 대체로
  5. 조금
- 두 개의 보기 중에서 올바른 것을 고르세요.
  1. perfectly
  2. extremely
  3. quite simple
  4. rather heavy
  5. a bit
- 우리말과 같은 뜻이 되도록 빈칸을 채우세요.
  1. However
  2. Besides
  3. Similarly
  4. Therefore
  5. Instead
  6. Finally
- 두 개의 보기 중에서 올바른 것을 고르세요.
  1. Therefore
  2. Besides
  3. Finally

연습문제 20

- 밑줄 친 단어의 품사와 뜻을 각각 적으세요.
  1. ① 형용사 – 어려운   ② 부사 – 열심히
     ③ 부사 – 거의 ~않다
  2. ① 부사 – 가까이   ② 부사 – 거의
  3. ① 형용사 – 대부분의   ② 부사 – 주로
  4. ① 부사 – 높이   ② 부사 – 매우
  5. ① 형용사 – 늦은   ② 부사 – 최근에
  6. ① 형용사 – 짧게   ② 부사 – 곧
- 두 개의 보기 중에서 올바른 것을 고르세요.
  1. hardly
  2. nearly
  3. highly
- 우리말과 같은 뜻이 되도록 빈칸을 채우세요.
  1. most
  2. most
  3. Most
  4. almost
  5. almost
- 두 개의 보기 중에서 올바른 것을 고르세요.
  1. most
  2. almost
  3. most
  4. Almost
  5. Most

연습문제 21

- 우리말과 같은 뜻이 되도록 빈칸에 so나 such 중 하나를 쓰세요.
  1. so
  2. such
  3. so
  4. such
  5. so
- 두 개의 보기 중에서 올바른 것을 고르세요.
  1. so
  2. such
  3. so
  4. a cute

- 우리말과 같은 뜻이 되도록 빈칸에 enough나 too 중 하나를 쓰세요.
  1. enough   2. enough   3. too
  4. too   5. enough
- 두 개의 보기 중에서 올바른 것을 고르세요.
  1. long enough   2. too   3. enough food
  4. too   5. strong enough

연습문제 22

- 우리말과 같은 뜻이 되도록 빈칸에 too나 either 중 하나를 쓰세요.
  1. too   2. either   3. too
  4. too   5. either
- 두 개의 보기 중에서 올바른 것을 고르세요.
  1. too   2. either   3. not costly
- 두 개의 보기 중에서 올바른 것을 고르세요.
  1. What   2. such   3. quite a
  4. too   5. diligent a
- 제시어를 빈칸에 배열해서 문장을 완성하세요.
  1. so busy a girl
  2. too heavy a bag [a bag too heavy]
  3. What a lucky man I am
  4. We had such a good time

Chapter 04 비교

연습문제 23

- 다음 단어의 비교급과 최상급을 쓰세요.
  1. longer / longest   2. shorter / shortest
  3. larger / largest   4. hotter / hottest
  5. easier / easiest
  6. more difficult / most difficult
  7. more slowly / most slowly
- 다음 영어 문장이 우리말과 같도록 빈칸을 채우세요.
  1. 더 크다   2. 선수였다   3. 더 예쁘게
  4. 그 운전자는   5. 가장 아름다운   6. 가장 유명한
- 다음 문장을 우리말로 옮기세요.
  1. 그녀는 그보다 노래를 더 잘 부른다.
  2. 선생님은 자신의 학생들을 가장 잘 알아야 한다.
  3. 항상 최악에 대비해라.
  4. 그녀는 자신의 아기보다 더 많은 우유를 마신다.
  5. 내가 네게 두 시간 후에 전화할게.
  6. 우리 집은 너희 집보다 학교에서 더 멀다.

- 두 개의 보기 중에서 올바른 것을 고르세요.
  1. better   2. worse   3. more
  4. latter   5. further   6. most

연습문제 24

- 빈칸에 들어갈 적절한 단어를 보기에서 골라 쓰세요.
  1. sweet   2. high   3. fast
  4. soft   5. well   6. loud
- 다음 단어들을 이용하여 원급 비교 문장을 만드세요.
  1. Her bag is as light as a butterfly.
  2. The dancer jumps as gracefully as a cat.
  3. My younger brother is as wise as an old man.
  4. My teacher's voice is as cold as ice.
  5. Her hair is as red as a rose.
- 우리말과 같은 뜻이 되도록 빈칸을 채우세요.
  1. possible   2. expected   3. before
  4. usual
- 빈칸에 들어갈 적절한 단어를 보기에서 골라 쓰세요.
  1. tasty   2. scary   3. comfortable
  4. simple

연습문제 25

- 우리말과 같은 뜻이 되도록 빈칸을 채우세요.
  1. soon   2. soon   3. long
  4. long   5. well   6. well
- 다음 중 as well as의 의미가 나머지 넷과 다른 문장을 고르세요.
  ④ (④만 '~만큼 잘'이고, 나머지는 '~뿐 아니라')
- 괄호 안의 단어의 올바른 형태를 빈칸에 쓰세요.
  1. taller   2. colder   3. bigger
  4. better   5. worse   6. heavier
  7. faster   8. more slowly
- 두 개의 보기 중에서 올바른 것을 고르세요.
  1. better   2. more   3. than
  4. less high   5. longer

연습문제 26

- 밑줄 친 표현에 유의하여 각 문장을 우리말로 옮기세요.
  1. ① 우리는 텔레비전을 보는 데 많은 시간을 보낸다.
     ② 이번 겨울은 작년 겨울보다 훨씬 더 춥다.
  2. ① 나는 심지어 그녀의 이름을 기억하지도 못한다.
     ② 행동하는 것은 말하는 것보다 훨씬 더 어렵다.
  3. ① 그는 여기서 멀리 살지 않는다.
     ② 그들은 자신들의 부모님보다 훨씬 더 키가 크다.

4. ① 나는 아직도 배고프다!
② 이 케이크는 내 케이크보다 훨씬 더 맛있다.

- 두 개의 보기 중에서 올바른 것을 고르세요.
  1. very 2. much 3. even 4. very
- 보기에서 단어를 골라 〈비교급 and 비교급〉 구문의 문장을 완성하세요.
  1. warmer and warmer 2. smarter and smarter
  3. easier and easier 4. fatter and fatter
  5. angrier and angrier
- 괄호 안의 단어를 문법에 맞게 변형하세요.
  1. higher, colder 2. longer, healthier
  3. harder, better 4. more, better
  5. less, fewer

연습문제 27

- 빈칸에 알맞은 표현을 써서 문장을 완성하세요.
  1. three, times, big 2. twice, long
  3. four, times, large 4. many, times, tall
- 보기에서 단어를 골라 문맥에 맞게 바꿔 문장을 완성하세요.
  1. older 2. longer 3. taller 4. warmer
- 괄호 안의 단어의 올바른 형태를 빈칸에 쓰세요.
  1. the finest 2. the tallest 3. the best
  4. the most expensive 5. (the) most quickly
- 두 개의 보기 중에서 올바른 것을 고르세요.
  1. the longest 2. coldest 3. happiest
  4. beautifully 5. useful

연습문제 28

- 다음 문장들이 같은 뜻이 되도록 빈칸을 채우세요.
  big / bigger / all / no / than
- 두 개의 보기 중에서 올바른 것을 고르세요.
  1. other 2. slimmer 3. much
  4. Nothing 5. easy 6. Few
- 우리말과 같은 뜻이 되도록 괄호 안의 단어의 올바른 형태를 빈칸에 쓰세요.
  1. the best 2. third 3. most
  4. least 5. last
- 두 개의 보기 중에서 올바른 것을 고르세요.
  1. women 2. least 3. largest 4. last

Chapter 05 전치사

연습문제 29

- 빈칸에 at, on, in 중 알맞은 전치사를 쓰세요.
  1. at 2. on 3. in 4. at
  5. on 6. in 7. at 8. on
  9. in 10. At
- 밑줄 친 전치사에 유의하여 다음 문장을 우리말로 옮기세요.
  1. 그 쇼는 다음 토요일까지 계속 열릴 것이다.
  2. 나는 그곳에 정오까지는 가야 한다.
  3. 우리는 해돋이 전에 공항을 향해 떠났다.
  4. 그들은 저녁식사 후에 TV를 보았다.
  5. 우리는 이곳에 이틀 동안 머무를 것이다.
  6. 나는 방학 중에 그곳에 머물렀다.
- 두 개의 전치사 중에서 올바른 것을 고르세요.
  1. until 2. after 3. for
  4. during 5. by

연습문제 30

- 밑줄 친 전치사에 유의하여 다음 문장을 우리말로 옮기세요.
  1. 그들은 공항에 도착했다.
  2. 러시아는 세계에서 가장 넓은 나라이다.
  3. 누군가가 문을 두드리고 있다.
  4. 말이 펜스 위를 뛰어 넘었다.
  5. 그녀와 나는 같은 지붕 아래에 산다.
- 두 개의 전치사 중에서 올바른 것을 고르세요.
  1. at 2. in 3. on
  4. over 5. under
- 밑줄 친 전치사에 유의하여 다음 문장을 우리말로 옮기세요.
  1. 그 강은 두 국가 사이에서 흐른다.
  2. 나는 그의 책들 중에서 그 편지를 찾았다.
  3. 나는 세계 일주 여행을 하고 싶다.
  4. 너는 유리를 통하여 볼 수 있다.
  5. 일부 남자들이 트럭 옆에 서 있다.
- 두 개의 전치사 중에서 올바른 것을 고르세요.
  1. between 2. through 3. behind 4. beside

연습문제 31

- 밑줄 친 전치사에 유의하여 다음 문장을 우리말로 옮기세요.
  1. 그 우체국은 길 아래에 있다.

2. 그 연인은 멋진 음식점 안으로 걸어 들어갔다.
3. 그는 한 주 동안 마을 밖에 있었다.
4. 무엇인가 바닥으로 떨어졌다.
5. 그녀는 문 쪽으로 그녀의 얼굴을 돌렸다.
6. 그들은 강을 따라 달리고 있다.

- 두 개의 전치사 중에서 올바른 것을 고르세요.
  1. up   2. out of   3. to

- 밑줄 친 전치사에 유의하여 다음 문장을 우리말로 옮기세요.
  1. 그는 축구선수로서 재능이 있다.
  2. 강 옆에 있는 저 집을 봐라.
  3. 우리는 차로 여행을 할 예정이다.
  4. 나는 Van Gogh가 그린 그림들을 좋아한다.

- 보기의 밑줄 친 as와 같은 의미로 쓰인 문장을 고르세요.
  정답 : (b)
  보기 : 내 아버지는 생일선물로 그 시계를 내게 줬다.
  (a) 날씨가 좋았기 때문에, 우리는 산책을 갔다.
  (b) 선생으로서, 그는 완벽했다.

- 보기의 밑줄 친 by와 같은 의미로 쓰인 문장을 고르세요.
  정답 : (b)
  보기 : 그녀는 복사기 옆에 서 있다.
  (a) 나는 그의 작품에 놀랐다.
  (b) Judy는 창문 옆 의자에 앉아 있었다.

연습문제 32

- 밑줄 친 전치사에 유의하여 다음 문장을 우리말로 옮기세요.
  1. 저기에 그를 위한 편지가 있다.
  2. 그는 내게 충고를 해달라고 요청했다.
  3. 어머니는 아침부터 밤까지 내 옆에 계셨다.
  4. 그는 긴 여행 때문에 지쳐보였다.

- 보기의 밑줄 친 for와 같은 의미로 쓰인 문장을 고르세요.
  정답 : (b)
  보기: 그는 자신의 가족을 위해 근면하게 일한다.
  (a) 우리는 일주일 동안 밤낮으로 여행했다.
  (b) 그는 자신의 아내를 위해 그 자동차 문을 열어줬다.

- 보기의 밑줄 친 from과 같은 의미로 쓰인 문장을 고르세요.
  정답 : (c)
  보기: 우리 선생님은 잉글랜드 출신이다.
  (a) 케이크는 밀가루, 우유, 계란으로 만들어진다.
  (b) 그는 더위 때문에 어지러움을 느꼈다.
  (c) 거기로부터의 전망은 장관이었다.

- 밑줄 친 단어에 유의하여 다음 문장을 우리말로 옮기세요.
  1. 그녀는 내 것과 비슷한 드레스를 입고 있다.

2. 그들은 자유 시간을 홀로 보내기 좋아한다.
3. 음악은 다른 어떤 예술 형식과도 다르다.
4. 너는 어떤 동물을 가장 싫어하니?

- 두 개의 보기 중에서 우리말에 맞는 영어 표현을 고르세요.
  1. like   2. like   3. Unlike   4. unlike

연습문제 33

- 밑줄 친 전치사에 유의하여 다음 문장을 우리말로 옮기세요.
  1. 이 노래의 선율은 이상하다.
  2. 우리들 중 한 명이 가야만 할 것이다.
  3. 이것은 한 소녀를 사랑하게 된 어느 소년에 대한 이야기다.
  4. 신호등이 녹색에서 빨간색으로 바뀌었다.
  5. 나는 한 달에 두 번씩 내 동생에게 편지를 보낸다.

- 보기의 밑줄 친 of와 같은 의미로 쓰인 문장을 고르세요.
  정답 : (c)
  보기: 이것은 인도에 관한 지도이다.
  (a) 너는 그 토론의 결과를 아느냐?
  (b) 철로 된 그 건물을 봐라.
  (c) 나는 저 엄마(엄마를 찍은) 사진이 좋다.

- 밑줄 친 전치사에 유의하여 다음 문장을 우리말로 옮기세요.
  1. 나와 연락해라.
  2. 우리가 가지고 있는 것과 함께 시작하자.
  3. 나는 숙제로 바쁘다.
  4. 그녀는 이것을 망치로 때렸다.
  5. 나는 그녀 없는 세상에서 살고 싶지 않다.
  6. 나는 내 컴퓨터 없이 일을 시작할 수 없다.

- 보기의 밑줄 친 with와 같은 의미로 쓰인 문장을 고르세요.
  정답 : (c)
  보기: 너는 그와 함께 춤을 추는 저 소녀를 아느냐?
  (a) 너는 그것을 무엇으로 열었느냐?
  (b) 그는 독감 때문에 누워 있다.
  (c) 나는 여자 친구와 깨졌다.

연습문제 34

- 빈칸에 적절한 단어를 쓰세요.
  1. to   2. to   3. for
  4. of   5. to   6. as

- 두 개의 보기 중에서 올바른 것을 고르세요.
  1. according to   2. instead of   3. such as

- 빈칸에 적절한 단어를 쓰세요.
  1. as   2. by   3. for
  4. to   5. front   6. of

- 두 개의 보기 중에서 올바른 것을 고르세요.
  1. as a result of 2. front

연습문제 35

- 빈칸에 적절한 단어를 쓰세요.
  1. about 2. at 3. for
  4. from 5. of 6. with
- 두 개의 보기 중에서 올바른 것을 고르세요.
  1. at 2. for
- 빈칸에 적절한 단어를 쓰세요.
  1. for 2. on 3. of
  4. through 5. to 6. with
- 두 개의 보기 중에서 올바른 것을 고르세요.
  1. of 2. on

연습문제 36

- 빈칸에 적절한 단어를 쓰세요.
  1. about 2. for 3. in
  4. on 5. to 6. with
- 두 개의 보기 중에서 올바른 것을 고르세요.
  1. to 2. in
- 빈칸에 적절한 단어를 쓰세요.
  1. by 2. for 3. in
  4. of 5. with 6. Without
- 두 개의 보기 중에서 올바른 것을 고르세요.
  1. with 2. of 3. by

Chapter 06 접속사

연습문제 37

- 밑줄 친 등위접속사에 유의하여 다음 문장을 우리말로 옮기세요.
  1. 그녀는 수영하기와 달리기를 좋아한다.
  2. 그녀는 열심히 공부했고 시험을 잘 치렀다.
  3. 우리 할아버지는 매우 나이 드셨지만 건강하시다.
  4. 나는 배가 고프지만, 점심 먹을 시간이 없다.
  5. 나는 오늘이나 내일 그 영화를 볼 수 있다.
- 우리말과 같은 뜻이 되도록 빈칸에 적절한 등위접속사를 쓰세요.
  1. and 2. but 3. or 4. but

- 밑줄 친 상관접속사에 유의하여 다음 문장을 우리말로 옮기세요.
  1. 사과와 오렌지는 둘 다 맛있다.
  2. 너는 버스를 타거나 걸어갈 수 있다.
  3. 우리는 시간도 돈도 없다.
  4. 우리는 게임을 하지 않고 쇼핑하러 갔다.
  5. 나는 책을 쓸 뿐만 아니라 그것들을 팔기도 한다.
- 우리말과 같은 뜻이 되도록 빈칸을 채우세요.
  1. not only, but also 2. both, and
  3. neither, nor 4. either, or

연습문제 38

- 괄호 안의 단어의 올바른 형태를 빈칸에 쓰세요.
  1. singing 2. work 3. actor
  4. courageous
- 두 개의 보기 중에서 올바른 것을 고르세요.
  1. ill 2. at night 3. drive
  4. humorous 5. stayed
- 밑줄 친 접속사 that에 유의하여 다음 문장을 우리말로 옮기세요.
  1. 내가 너를 사랑한다는 것을 기억해라.
  2. 나는 그가 술을 너무 많이 마시는 것이 걱정된다.
  3. 좋은 소식은 그 학생들이 살아 있다는 것이다.
  4. 그 방 안에 아무도 없다는 것이 이상했다.
  5. 나는 뱀이 위험한 동물이라는 것을 배웠다.
  6. 문제는 우리가 서로를 오랫동안 볼 수 없다는 것이다.
- 밑줄 친 that절의 전체 문장 내 역할에 대해 말하세요.
  1. 목적어 2. 주어 3. 보어

연습문제 39

- 밑줄 친 접속사 whether에 유의하여 다음 문장을 우리말로 옮기세요.
  1. 나는 그녀가 고양이를 좋아하는지 아닌지 모른다.
  2. 나는 그녀가 고양이를 좋아하는지 아닌지 확신할 수 없다.
  3. 질문은 그녀가 고양이를 좋아하는지 아닌지이다.
  4. 그녀가 고양이를 좋아하는지 아닌지는 불확실하다.
- 두 개의 보기 중에서 올바른 것을 고르세요.
  1. whether 2. if 3. or
  4. whether 5. that
- 밑줄 친 의문사에 유의하여 다음 문장을 우리말로 옮기세요.
  1. 나는 누가 이번 경기에서 이길지 궁금하다.
  2. 나는 그가 지금 무엇을 하고 있는지 모르겠다.
  3. 그는 그녀에게 그의 가방이 어디 있는지 물었다.

4. 너는 왜 그가 항상 늦는지 알고 있니?
5. 나는 그가 이것을 어떻게 풀었는지 모르겠다.

- 두 개의 보기 중에서 올바른 것을 고르세요.
  1. when   2. what   3. he wrote   4. who
  5. he ran   6. what my father does

연습문제 40

- 밑줄 친 접속사에 유의하여 다음 문장을 우리말로 옮기세요.
  1. 나는 네가 웃는 것을 볼 때 가장 행복하다.
  2. 너는 잠자러 가기 전에 이를 닦아야 한다.
  3. 너는 졸업한 후에 무엇을 할 거니?
  4. 우리는 그가 도착할 때까지 방에 들어갈 수 없었다.
  5. 나는 그를 만나자마자 그에게 그 진실을 말할 것이다.

- 두 개의 보기 중에서 올바른 것을 고르세요.
  1. before   2. after   3. As soon as

- 밑줄 친 접속사에 유의하여 다음 문장을 우리말로 옮기세요.
  1. 비가 많이 내렸기 때문에 소풍은 취소되었다.
  2. 그는 버스를 놓쳤기 때문에 회의에 늦었다.
  3. 내가 여자라는 이유로 나를 불공평하게 대하지 마라.
  4. 나는 그녀의 전화번호를 모르기 때문에, 그녀에게 연락할 수 없다.
  5. 너는 이제 의사를 보기 때문에 걱정할 필요가 없다.

- 두 개의 보기 중에서 올바른 것을 고르세요.
  1. because   2. As   3. Since
  4. Now that

연습문제 41

- 밑줄 친 접속사에 유의하여 다음 문장을 우리말로 옮기세요.
  1. 누구라도 열심히 일하면 부자가 될 수 있다.
  2. 이 일은 네가 나를 도와주지 않는다면 끝나지 못할 것이다.
  3. 어떤 영화라도 흥미진진하기만 하다면 좋을 것이다.

- 다음 밑줄 친 if절의 의미를 구별하세요.
  1. ① 부사절(만약 네가 우리에게 물어보면)
     ② 명사절(그가 죽게 될 것인지 아닌지)
  2. ① 명사절(이것이 제일 좋은 방법인지 아닌지)
     ② 부사절(만약 그의 말이 사실이라면)

- 두 개의 보기 중에서 올바른 것을 고르세요.
  1. unless   2. long   3. if

- 밑줄 친 접속사에 유의하여 다음 문장을 우리말로 옮기세요.
  1. 그가 멀리 있었음에도 불구하고 나는 그의 도움을 원했다.

2. 내가 원하지 않았음에도 불구하고 엄마는 내게 공부하라고 말씀하셨다.
3. 내가 너무 어릴지라도 나는 너를 이해한다.

- 두 개의 보기 중에서 올바른 것을 고르세요.
  1. though   2. love   3. although   4. though

연습문제 42

- 빈칸에 들어갈 적절한 단어를 보기에서 골라 쓰세요.
  1. drunk   2. deep   3. dark
  4. delicious

- 두 개의 보기 중에서 올바른 것을 고르세요.
  1. so fast   2. so that   3. so that
  4. so that

- 밑줄 친 since의 두 가지 뜻에 유의하여 다음 문장을 우리말로 옮기세요.
  1. 이것은 그가 글쓰기를 시작한 이래 그의 책 중 가장 많이 팔린 책이다.
  2. 그는 그 숲이 조용해서 그 숲에 가는 것을 좋아했다.
  3. 위험하기 때문에 너는 불로 요리할 때 조심해야 한다.
  4. 그날 이후로 나는 한 번도 담배를 피우지 않았다.
  5. 어렸을 때부터 나는 할머니에 의해 길러졌다.

- 보기의 밑줄 친 since와 같은 의미로 쓰인 문장을 고르세요.
  정답 : (c)
  보기 : 그는 고향을 떠나고 싶었는데, 고향이 도시로부터 너무 멀리 떨어져 있었기 때문이다.
  (a) 그녀는 미국에 온 이후 처음으로 한국 음식을 먹었다.
  (b) 그는 고등학교를 졸업한 이후 자동차 회사에서 일했다.
  (c) 비가 많이 내렸기 때문에 모든 사람은 휴가 중에 호텔 안에 머물러야 했다.

연습문제 43

- 밑줄 친 while의 두 가지 뜻에 유의하여 다음 문장을 우리말로 옮기세요.
  1. 그는 편지를 쓰면서 식사를 하고 있다.
  2. Henry는 키가 꽤 작은 반면, 그의 모든 형제는 키가 크다.
  3. 그는 그 길을 건너는 중에 그 사고를 보았다.
  4. 나는 록 콘서트에 가고 싶었던 반면, 다른 사람들 모두는 테마파크로 여행하고 싶어 했다.
  5. 우리가 지금 당장은 너를 도와줄 수 없지만, 우리는 네가 성공할 것이라고 확신한다.

- 보기의 밑줄 친 while과 같은 의미로 쓰인 문장을 고르세요.
  정답 : (c)

보기 : 그녀는 스포츠에 매우 흥미 있어 하지 않지만, 그녀의 남자친구는 야구를 매우 좋아한다.
(a) 내가 없는 동안 강도 한 명이 내 집에 침입했다.
(b) 아빠는, 그가 펑크 난 타이어를 교체하는 동안, 내게 차 안에 있으라고 말씀하셨다.
(c) 그녀의 옷은 멋졌지만, 그녀의 행동은 그렇지 않음이 분명했다.
(d) 내가 휴가를 가 있는 동안, 내 고양이를 돌봐주세요.

- 밑줄 친 접속사 as의 다양한 의미를 고려하여 다음 문장을 우리말로 옮기세요.
  1. 내가 그곳에 도착했을 때, 그 경기가 시작했다.
  2. 자신이 원하는 대로 그가 하도록 해라.
  3. 너는 젊기 때문에 많은 기회가 있다.
  4. 그녀는 돈을 더 많이 벌수록 더 많이 쓴다.
  5. 비록 그들은 행복했을지라도, 무언가가 빠져 있었다.

- 보기의 밑줄 친 as와 같은 의미로 쓰인 문장을 고르세요.
  정답 : (d)
  보기 : 그녀는 한국 문화에 대해 많이 알지 못하는데, 이번이 그녀의 한국 첫 방문이기 때문이다.
  (a) 나는 지나가면서 한 남자가 울고 있는 것을 보았다.
  (b) 내가 네게 전에 말했던 것처럼, 나는 네 숙제를 도와줄 수 없다.
  (c) 뚱뚱해질수록 너는 달리기가 전보다 더 어렵다고 느낄 것이다.
  (d) 그는 새로 왔기 때문에 도움이 조금 필요할지 모른다.

연습문제 44

- 우리말과 같은 뜻이 되도록 빈칸을 채우세요.
  1. it is   2. it is   3. he was
  4. they are   5. you did

- 밑줄 친 표현에 유의하여 다음 문장을 우리말로 옮기세요.
  1. 필요하다면, 너는 더 많은 돈을 요구할 수 있다.
  2. 가능하다면 나는 너와 자리를 바꾸고 싶다.
  3. 그녀는 매우 어린 아이임에도 불구하고 사려가 깊다.
  4. 너는 어려움에 빠질 때 늘 내게 의지해도 된다.
  5. 그녀의 건강은 그녀가 더 젊었던 시절만큼 훌륭하다.

- 우리말과 같은 뜻이 되도록 빈칸을 채우세요.
  1. because of   2. because   3. though
  4. in spite of [despite]   5. of

- 두 개의 보기 중에서 올바른 것을 고르세요.
  1. Due to   2. even though   3. at

Chapter 07 관계사

연습문제 45

- 다음 구문을 우리말로 옮기세요.
  1. 그 상을 탄 그 사람
  2. 우리를 가르칠 선생님
  3. 축구를 하는 여동생
  4. 피아노를 연주했던 그 소녀
  5. 우유를 마시고 있는 저 소년
  6. 내가 가르쳤던 저 사람
  7. 그들이 좋아했던 그 선생님
  8. 내가 자랑스러워하는 여동생
  9. 내 형과 춤을 함께 춘 그 소녀
  10. 우리가 믿었던 저 소년

- 두 개의 보기 중에서 올바른 것을 고르세요.
  1. who   2. who   3. who
  4. who   5. who

- 다음 구문을 우리말로 옮기세요.
  1. 다양한 장난감을 파는 그 가게
  2. 그녀에게 너무 긴 드레스
  3. 쥐를 잘 잡는 고양이
  4. 언덕 위에 있는 성
  5. 네 바로 옆에 있는 그 가방
  6. 네가 어제 방문했던 그 가게
  7. 내가 사고 싶었던 옷
  8. 내가 내 아들에게 줬던 그 로봇
  9. 그들이 3년 전에 지었던 성
  10. 내가 어제 봤던 그 영화

- 두 개의 보기 중에서 올바른 것을 고르세요.
  1. which   2. which   3. which
  4. which

연습문제 46

- 빈칸에 적절한 관계대명사를 쓰세요.
  1. who [that]   2. which [that]   3. who [that]
  4. which [that]   5. which [that]

- 두 개의 관계대명사 중에 올바른 것을 고르세요.
  1. that   2. that   3. that
  4. that

- 다음 구문을 우리말로 옮기세요.
  1. (그녀의) 고양이가 매우 뚱뚱했던 소녀
  2. (그것의) 표지가 녹색인 책
  3. (그의) 목소리가 부드러운 남자친구
  4. (그것의) 페달이 고장 났던 자전거

5. (그녀의) 아들이 시험에서 떨어진 그 여자
6. (그것의) 꼬리가 털이 많은 나의 개

- 두 개의 관계대명사 중에 올바른 것을 고르세요.
  1. whose   2. whose   3. whose
  4. whose   5. which

연습문제 47

- 다음 구문을 우리말로 옮기세요.
  1. 내가 인터뷰한 그 경찰
  2. 우리가 존경하는 위대한 인물들
  3. 네가 길에서 찾았던 그 개
  4. 네가 어제 만들었던 그 케이크
  5. 내가 매일 만나는 사람
  6. 내가 썼던 그 에세이들

- 다음 밑줄 친 관계대명사를 생략할 수 있으면 O, 생략할 수 없으면 X로 표시하세요.
  1. X   2. O   3. O
  4. X   5. O   6. X

- 빈칸에 적절한 관계대명사를 쓰세요.
  1. who   2. which   3. who   4. which

- 각 문장의 밑줄 친 관계대명사가 가리키는 것을 쓰세요.
  1. 나의 이웃 Sam   2. 뉴욕 시   3. Mike
  4. Sally가 선생님에게 무례했다는 것

연습문제 48

- 다음 구문을 우리말로 옮기세요.
  1. 우리가 사는 그 도시
  2. 내가 함께 놀았던 친구들
  3. 그녀가 찾고 있는 사람
  4. 네가 위에 누워있는 그 카펫
  5. 우리가 들었던 그 음악
  6. 내가 많이 배웠던 선생님

- 두 개의 관계대명사 중에서 올바른 것을 고르세요.
  1. by which   2. in which   3. for
  4. which   5. with whom

- 다음 구문을 우리말로 옮기세요.
  1. 그가 먹고 싶은 것
  2. 그를 화나게 만드는 것
  3. 그가 네게 말하지 않았던 것
  4. 네 인생에서 중요한 것
  5. 내 가족이 내가 하기를 원하는 것

- 두 개의 보기 중에서 올바른 것을 고르세요.
  1. what   2. that   3. what
  4. what   5. What   6. what

연습문제 49

- 다음 구문을 우리말로 옮기세요.
  1. 네가 어젯밤 잤던 그 방
  2. 올림픽 대회가 한국에서 개최됐던 그해
  3. 범죄가 없는 도시
  4. 내가 처음으로 너를 만났던 그날

- 다음 빈칸에 알맞은 관계사를 써서 문장을 완성하세요.
  1. where / which   2. when / which

- 두 개의 관계사 중에서 올바른 것을 고르세요.
  1. where   2. when   3. where

- 다음 구문을 우리말로 옮기세요.
  1. 내가 의사가 되고 싶은 그 이유
  2. 어떻게 그가 처음으로 여자 친구를 만났는지(그가 처음으로 여자 친구를 만났던 방식)
  3. 네가 그를 왜 좋아하는지(네가 그를 좋아하는 이유)
  4. 그가 부자가 됐던 그 방식
  5. 우리가 수업에 집중하지 못한 그 이유
  6. 고대인들이 질병을 치료했던 방식들

- 두 개의 관계사 중에서 올바른 것을 고르세요.
  1. why   2. how   3. how   4. why

연습문제 50

- 다음 문장을 우리말로 옮기세요.
  1. 나는 너를 돕기 위해 내가 할 수 있는 것이면 무엇이든지 할 것이다.
  2. 이 칼을 들 수 있는 사람이라면 누구든지 왕이 될 것이다.
  3. 네가 어떤 것이 되겠다고 선택하든지 간에, 너는 그것이 될 것이다.
  4. 그들은, 네가 무엇을 하건 간에, 너를 사랑할 것이다.
  5. 그 선생님은 자신을 도울 수 있는 사람이라면 누구든지 기다리고 있다.

- 두 개의 보기 중에서 올바른 것을 고르세요.
  1. whoever   2. Whoever   3. whatever

- 다음 문장을 우리말로 옮기세요.
  1. Jane은 오빠가 어디를 가든 간에 거기로 오빠를 따라갔다.
  2. 그 소년은 친구들과 문제가 생길 때마다 엄마를 찾았다.
  3. 아무리 오랫동안 그가 그녀를 기다렸을지라도, 그녀는 나타나지 않았다.
  4. 네가 그것을 어떻게 하든 간에, 그 결과는 똑같다.

- 두 개의 보기 중에서 올바른 것을 고르세요.
  1. Wherever   2. However   3. Whenever
  4. wherever

즉석에서 바로바로 활용하는

일상생활

영어 첫걸음

FL4U컨텐츠 지음

+ 영어 초보자, 유학생, 여행객들의 필독서
+ 일상생활에서 활용도 높은 문장 엄선 수록
+ 초보자를 위한 한글발음 표기, 사전식 구성

원어민이 녹음한
mp3 CD포함

프레젠테이션, 토론영어를 위한 다양한 표현력 확장 실용회화

즉석에서 바로바로 활용하는

베스트★ 프리토킹 영어표현

FL4U컨텐츠 지음

Best
Free Talking
English
Expression